Du même auteur :
« Souvenirs 1893 - 1958 »

*à Pierre et à Jeanne
en souvenir des peines
de leur mère.*

NOTES

1914 - 1919

---

de

Raoul Banet-Rivet

© 2014 Auteur Raoul Banet-Rivet
Texte édité par Marc Banet-Rivet

Éditeur : Books on Demand GmbH, 12/14 rond-point des Champs Elysées, 75008 Paris, France.
Impression : Books on Demand GmbH, Norderstedt, Allemagne.

ISBN : 978-2-322-03311-9

Dépôt légal : Février 2014

« Au bord d'un chemin, le cadavre d'un tambour, enfoui presque dans les herbes hautes de la prairie, parmi les renoncules mouillées, me donna peu de tristesse… et la tête, je ne la pus découvrir. Les fleurs des champs s'étaient rejointes au-dessus, en bouquet blanc, bleu, d'or…

Des hirondelles crièrent, coupant la splendeur du jour par leur vol en biseau.

Pauvre garçon ! Pensai-je… Douce fumée, là-bas, dans la France, sur la chaumière. La fileuse tourne son rouet devant l'image du Juif-Errant… La petite sœur traîne au bout d'une ficelle la boîte où se prélasse la poupée… Le vent caresse la chevelure des moissons. Les bœufs boivent. Et ta mère blanchie pense à ton retour. Tu ne reverras rien. Mais à quoi bon revoir ? Tu aurais croulé sous les grosses ivresses du Dimanche, en chantant d'ignobles refrains… et puis, toute la vie, tu aurais sué de peine et de misère, pour faire resplendir le sol d'une patrie qui ne te distribue en échange que le travail, l'amende, la prison, l'enrôlement, la faim et la mort… Pourquoi dire qu'il eût mieux valu que tu vives ?… Seulement, tu ne prévoyais pas. Tu espérais… et d'espérances en espérances tu aurais gagné l'âge des maladies féroces… Va, va, dors ici, tambour, auprès de ta caisse crevée ».

Paul Adam (La Bataille d'Uhde)

À TOUL

<u>Villey-le-Sec, près de Toul, 2 Août 1914</u>

Dans une grange, assis sur le bord d'un plancher d'où je domine, faute d'autres ennemis, une armée de poussins que je mets en déroute. Il pleuvote et deux petits, qui me sourient, chantent en chœur : « il pleut, il mouille, c'est la fête à la grenouille ! »

Nous sommes équipés tout à neuf, mais pas encore armés, quoique l'ordre soit donné de tirer sur tout aéroplane de tournure germanique.

Grand désordre, comme de juste ; mais aussi, une certaine bonne volonté : pas encore tout à fait ce que je voudrais. Les plus entrain sont les territoriaux.

Pour des raisons du même ordre, sans doute, que celles qui, de tout temps, assurèrent le succès du mythe de l'immortalité de l'âme, beaucoup de jeunes persistent à croire qu'il n'y aura pas la guerre !... Je ne puis partager leur espoir : ce serait trop beau de vaincre les Allemands sans lutte.

On raconte que Delcassé est Président du Conseil, et le Général Pau, Ministre de la Guerre.

Le matériel d'artillerie lourde, que j'ai vu ce matin, m'a fait bonne impression : c'est de l'ingénieux <u>rafistolage</u>.

Les forts sont bien approvisionnés ; guère d'eau, par exemple, du moins dans certains.

<u>Villey-le-Sec, 4 Août 1914</u>

Tout est réquisitionné, chevaux, voitures. Les habitants sont prêts à partir. Très peu de nouvelles : j'ai appris, sans joie, qu'Augagneur avait reçu le portefeuille de la Marine.

A midi, je prendrai la garde dans ma batterie. Nous occuperons le moment venu, celles de Bois-sous-Roche.

Le moral des gens de l'Est me paraît solide.

Il fait beau, un peu chaud ; les récoltes sont mûres et les champs pleins de fleurs.

<u>5 Août</u>

Ce matin, à 11 heures, coups de canon, émoi. C'est une pièce de 75 qui a tiré, par erreur, sur un avion français. Il est descendu précipitamment !

<u>Toul, 6 Août</u>

On nous a distribué nos « pansements individuels » et nos médailles d'identité. Puis, on m'a désigné pour faire partie d'un détachement, qui est descendu à Toul.

J'ai vu sortir de l'Arsenal les batteries de 75 de réserve : matériel flambant neuf ; chevaux rétifs des réquisitions, affolés par leur nouveau harnachement.

<u>Toul, 8 Août 1914</u>

Hier, nous avons vu partir de l'Arsenal les derniers équipages de siège.

Décidément, nous formons un atelier de chargement d'obus : il se pourrait bien que la campagne s'achève sans que je voie un seul ennemi ! Nous logeons dans les baraques d'une ancienne cartoucherie, sur les vieux remparts.

<u>13 Août 1914</u>

Toute la journée, sans ardeur aucune, on charge et transporte des obus. C'est d'une monotonie accablante ! L'Arsenal est en bordure du chemin de fer, où des trains bondés de troupes et de matériel se suivent de près.

Les soldats ont pillé les caves de plusieurs maisons abandonnées.

Il paraît qu'on ne fait guère quartier. Je crois que rien ne sera épargné, ni blessés, ni femmes, ni enfants. Quelle barbarie !

En ville, on affiche quelques nouvelles, toujours excellentes, bien entendu. Au fond, on ne sait rien. Et à Paris ?

L'aspect de Toul est lamentable.

<u>Toul, 16 Août 1914</u>

Temps lourd. Ciel couvert. Ville déserte. Les chiens et les chats meurent de faim, sur le seuil des maisons abandonnées.

Il me semble, dans mon existence, subir une solution de continuité… faire un mauvais rêve. Quand viendra le réveil ? J'éprouve une sorte d'engourdissement moral ; dois-je m'en plaindre ? Peut-être me permettra-t-il de franchir, sans trop de vertige, ce mauvais pas.

Combien de temps peut durer cela ?

Hier, un aéroplane allemand est passé, très haut…

<u>Toul, 19 Août 1914</u>

Voici qu'on retarde nos lettres de cinq ou six jours : pour éviter les « fausses nouvelles », paraît-il.

Il est probable que le principal choc aura lieu en Belgique ; j'ai vu passer des troupes qui s'y rendaient, ou le croyaient.

Hier, un avion allemand a survolé la ville, entre le fort Saint-Michel et l'Arsenal. On a tiré sur lui : les shrapnells tachetaient de flocons blancs le ciel bleu. Un culot d'obus a crevé le toit d'un hangar.

Parfois on entend le canon au loin.

Nous chargeons toujours des obus.

Je m'ennuie, et vis comme une brute.

Croit-on que cette guerre pourra durer longtemps ? Les journaux donnent-ils beaucoup de renseignements ?

<u>24 Août 1914</u>

Hier, j'ai vu passer deux trains de blessés. On annonce, aujourd'hui, qu'une bataille est engagée en Belgique, et que les Russes avancent.

<u>26 Août 1914</u>

On a creusé, tout autour de Toul, des retranchements formidables, comme si l'on s'attendait à un siège. Plusieurs escadrilles d'aéroplanes sont arrivées.

Le bruit court que les Allemands seraient à Roubaix.

<u>29 Août 1914</u>

Ce matin, j'ai vu les premiers prisonniers allemands, des blessés : une vingtaine, étendus dans la cale d'un chaland à vapeur, qui portait aussi des blessés français. Pitoyable spectacle ! Vraiment peut-on voir là autre chose que des hommes ! Ils avaient l'air douloureux et inquiet. Tout jeunes, tout pareils à ceux de chez nous. Plusieurs étaient gravement touchés ; il en était mort en route…

Depuis bientôt trois jours, le canon tonne nuit et jour, presque sans relâche.

<u>Toul, 8 Septembre 1914</u>

Il paraît qu'il n'y a plus dans la région, de part et d'autre, que des forces peu importantes. C'est ce que m'a dit Garros, que je suis allé voir au parc d'aviation ; nous ne nous étions pas rencontrés depuis douze ans ! Il m'a confié que le tir de nos canons n'avait aucune efficacité contre les avions, mais que les Allemands disposaient d'un matériel spécial donnant d'assez bons résultats, ce qui ne l'empêche pas de craindre les pannes « beaucoup plus que les obus ».

J'attends anxieusement l'issue de la bataille engagée.

Que de misère et de brutalité ! Hier, j'ai vu des convois de paysans qui fuyaient devant l'ennemi ; puis, des carrioles chargées de blessés.

<u>10 Septembre 1914</u>

En dehors des dépêches officielles, il circule ici les nouvelles les plus absurdes, les plus invraisemblables ; même ceux qui viennent des lignes se contredisent à tout propos. En tout cas, je crois que l'artillerie lourde ennemie nous fait beaucoup de mal.

<u>12 Septembre 1914</u>

Nous sommes joyeux ce soir : nous venons d'apprendre la défaite des Allemands sur plusieurs points ; si l'on en vient à bout dans l'Argonne, je pense que la guerre sera bientôt finie.

Nous chargeons, sur des trains, des quantités de munitions, ainsi que du gros matériel, qui doit aller du coté de Verdun.

Vers l'Ouest, le canon ne cesse de tonner.

<u>14 Septembre 1914</u>

J'ai vu passer, ce matin, devant l'Arsenal, le 60ème d'artillerie, retour du front. Chevaux éreintés, pièces et caissons enrobés de boue, avant-train sans canon, sabres tordus. Un casque à pointe brille à la selle d'un conducteur. Sur les galeries, beaucoup de sacs allemands, en poil fauve.

Les hommes, hâlés, mais bonne mine, ont la barbe et les cheveux trop longs ; certains portent le bonnet de police ; plusieurs ont la tête bandée, ou la main.

Les chevaux paraissent fourbus : un brigadier traînait le sien. Leur cou étique fait paraître énorme leur tête. Au pas, ils ont l'air de pouvoir se traîner à peine ; pourtant au trot, ils se raniment. Beaucoup, blessés par les chaumes, ont les pieds garnis de linges tachés de sang.

Des sacs d'avoine, des ustensiles bizarres de cuisine, noircis de fumée, sont arrimés sur les caissons, sur la crosse des canons. Il y a des avant-trains et des mousquetons fleuris.

<u>15 Septembre 1914</u>

Temps gris ; il pleut souvent. Je m'ennuie, d'un ennui « vide », désolant. Je suis las de cet internement dans les hangars de l'Arsenal, de cette apathie générale, autour de moi. Nulle part, ici, on ne sent une direction, une impulsion quelconque.

Les Allemands reculent toujours ; je crains, pourtant, que la guerre ne dure plusieurs mois encore.

J'ai vu passer, tout à l'heure, le 168ème qui revenait du feu - région de Lunéville. Les hommes avaient bonne tenue, mais certains paraissaient exténués. Peu de tués et de blessés, une quarantaine en tout ; parmi les premiers, presque tous les officiers. La plupart des compagnies étaient commandées par des sous-lieutenants, qui montaient les chevaux des capitaines.

<u>17 Septembre 1914</u>

On est sans nouvelles, depuis plusieurs jours, du fort de Manonviller, qui a été cerné pendant une semaine au moins. Il doit être détruit.

<u>18 Septembre 1914</u>

Jamais encore je n'avais senti aussi vivement ce qu'il y a de bestial en l'homme. Que la barrière est frêle, qui sépare de la bête la plupart des êtres avec lesquels je vis. Et, souvent, combien je les trouve plus cruels et plus vils.

S'il est une éducation qui doit primer les autres, c'est bien l'éducation sentimentale. La science est peu de chose : les Allemands nous le font bien voir, qui ont brûlé Malines, Louvain, peut-être la cathédrale de Reims ! Ces masses d'hommes lancées les unes contre les autres ont les mêmes qualités, les mêmes défauts : la différence de mentalité semble être en ceux qui les dirigent.

Il fait nuit. Tous dorment. J'entends le vent dans les grands arbres, la pluie qui claque sur les tuiles. Tout à l'heure, ils chantaient, des rengaines « sentimentales », ou des refrains obscènes. Quel mélange d'individus de toute sorte ! Quelques-uns ont bon cœur, sans doute ; mais comme il faut creuser pour le découvrir, ce cœur !…

Hier, je suis allé au parc d'aviation, où je pensais revoir Garros. Il était parti la veille.

21 Septembre 1914

La pluie tombe, à peine interrompue par de brèves éclaircies, qu'égaye parfois un arc-en-ciel.

Je viens d'apprendre que ces sauvages ont brûlé la cathédrale de Reims. Est-ce là cette Gloire pour laquelle ils prétendent combattre, puisqu'ils gravent sur leurs canons : « pro gloria et patria » ? Il y en a deux, à l'Arsenal, de leurs fameux obusiers de 15 cm ; sans leurs roues, brisées par nos obus, ils ont l'air de deux grosses bêtes méchantes, amputées de leurs pattes ! De belles pièces, d'ailleurs, robustes et modernes, construites chez Krupp en 1904 ; l'une d'elles est encore chargée. Comme les canons de nos anciennes armées royales, ils portent gravées des armoiries : le monogramme de Guillaume II roi de Prusse, et l'aigle prussien, surmonté de la devise : « Ultima ratio Regis ». Quels peuvent être les autres arguments du roi de Prusse ?…

Ce matin, je déplorais, devant plusieurs de mes camarades, l'incendie de la cathédrale de Reims ; ils en ont conclu que je devais être clérical, m'ont dit que cela « contrarierait sans doute le Pape, mais qu'on en serait quitte pour la reconstruire ».
Comme Pichon a raison d'écrire, dans son Petit Journal, que le peuple de France est parvenu à un degré de culture merveilleux, et qu'il parle de tout avec le plus sain jugement !

23 Septembre 1914

Chaud soleil.

J'ai vu passer, étendus sur une charrette garnie de paille, des fantassins blessés : l'un d'eux, un officier, avait la tête et les yeux bandés ; du sang coulait par ses narines. Un autre pleurait…

<u>26 Septembre 1914</u>

On se bat toujours dans la région ; les blessés affluent. Le bruit court que les forts de Liouville et du Camp des Romains seraient pris.

Du parc d'aviation, on voit éclater les obus, au-dessus des positions.

<u>27 Septembre 1914</u>

Il passe tous les jours beaucoup de blessés ; on les transporte sur des autos de tourisme que l'on a disposées pour cela. Ce n'est point idéal, mais, enfin, c'est rapide.

Le canon tonne sans relâche.

On parle du siège possible de Verdun. Tout sera-t-il également investi un jour ? Cela dépend de l'issue de la bataille engagée. En tout cas, l'artillerie lourde allemande paraît irrésistible.

Nous chargeons toujours des obus.

Des coquelicots, dans un champ, m'ont rappelé, tout à l'heure, par cette tiède journée, les dernières pages de « La Force »[1]. La guerre est triste par des détails : le sac d'un trompette allemand tué. Il y avait dedans quelques objets, un recueil de chants religieux, débordants de sentimentalité germanique, un cahier de musique écrit d'une main enfantine ; l'un des airs était intitulé en français, « Les petits oiseaux ». Ce pauvre diable s'appelait Zimmermann.

<u>Toul, 2 Octobre 1914</u>

La canonnade s'est calmée, quoiqu'on l'entende encore, par intervalles.

---

[1] [Oeuvre de Paul Adam]

L'Allemagne ne paraît pas à bout de ressources et sur le point d'être réduite. Elle semble tirer habilement parti de ses croiseurs.

J'ai lu aujourd'hui dans l'Echo de Paris, un article ridicule de Barrès. Quant à ceux de M. de Mun, ils sont fort inégaux.

Sans doute, après la guerre, les luttes politiques vont-elles renaître chez nous, avec une violence plus grande encore que par le passé.

J'avais, l'autre jour, entre les mains, « l'Année terrible ». Quelle réponse a fait Victor-Hugo à M. France, qui parle déjà d'admettre l'Allemagne vaincue dans l'amitié française ! Au fond, on répète toujours la même chose. Et cette belle lettre de Verdi sur la guerre de 70, elle témoigne qu'il était aussi intelligent que grand artiste.

Mais que penser de ce vieux fou de Mistral, qui ne rêvait que d'exalter le particularisme provençal : il ne l'est que trop, ce me semble, si j'en juge par ce que je vois ! Et de Jaurès qui, pendant des années, s'est acharné à désorganiser notre armée… Et des articles préventifs qu'écrit, dès à présent, Painlevé ?

Tout cela me soulève le cœur. Vraiment, la réaction aura beau jeu !

<u>7 Octobre 1914</u>

Les jours passent, jours de tristesse et de désœuvrement. La situation ne paraît guère brillante.

Nous venons de préparer des bombes, toutes pareilles à celles que lançait l'artillerie du Roy Soleil : il paraît qu'en certaines circonstances, cela fait encore son effet.
C'est la solitude qui me manque le plus : être un peu seul, que ce serait bon !

Dans les journaux, quel défilé d'articles ineptes, de <u>lettres de soldats</u> dont l'inauthenticité peut seule expliquer la longueur et la prétention !

M. Frédéric Masson, de l'Académie Française, ose écrire qu'un vrai patriote ne doit point admirer Wagner ; à ceux qui lui reprochent son étroitesse d'esprit, il répond par un article touffu et spécieux que ne désavoueraient point ses confrères d'Outre-Rhin !

M. Barrès s'efforce d'avoir de l'esprit et ne réussit qu'à être plus ampoulé et plus fat que jamais ; au fait, que n'est-il à l'armée ?

Et M. de Mun, qui avait écrit quelques belles pages, vient de mourir…

Il est arrivé des canonniers de la Flotte pour l'armement des pièces de marine.

On entend toujours le canon, de temps en temps ; et les monceaux de fusils rouillés ou brisés que l'on amène à l'Arsenal témoignent que l'on se bat toujours avec acharnement.

<u>9 heures passées</u>. Depuis un instant seulement règne dans le cantonnement un peu de silence. Il y a ici deux ou trois souteneurs, déjà condamnés, turbulents et odieux ; ils ne travaillent jamais ; notre chef de détachement en a peur.

Ce soir, à l'orient, le ciel était pommelé de petits nuages mauves ; vers le couchant, les sapins du cimetière, qui borde l'Arsenal, se profilaient sur un horizon vert, merveilleusement lumineux. Quelques avions évoluaient dans cet océan de clarté… Nous empilions, dans des wagons, de gros obus jaunes.

<u>11 Octobre 1914</u>

A la cathédrale, service pour les soldats morts ; elle était pleine d'officiers et de soldats, beaucoup venus pour se distraire ou pour entendre la musique, qui était belle.

J'ai rencontré un brave garçon, venu du fin fond du Canada défendre son pays : c'est admirable ; puisse ce brave n'éprouver parmi ses nouveaux camarades nulle déception. Peut-on nier que ce laboureur soit venu ici se battre <u>pour une idée</u> ? Quel exemple pour les autres !

<u>14 Octobre 1914</u>

Le séjour à l'Arsenal m'est odieux, ainsi que ma tâche ingrate, dont je n'ai même pas la consolation de pouvoir m'acquitter honnêtement, tant la discipline est lâche, l'organisation absente. Pas d'ordres, pas de punitions, pas d'histoires : telle paraît être ici la consigne.

Il fait moins froid. Au lever du jour, les nuages bâtissent dans le ciel des paysages fantastiques, des collines mauves qui baignent dans des lacs merveilleux.

<u>17 Octobre 1914</u>

Il pleut à verse, ce soir. La terre est jonchée de feuilles mortes. Désespérante monotonie des jours ! Nous jouons, parfois, comme des enfants, par besoin de réagir contre l'engourdissement qui nous étreint.

Les marins, qui égayaient un peu notre horizon, ont perdu leur silhouette pittoresque : on les a engainés dans des capotes de fantassins et châtrés de leurs pompons rouges, trop voyants.

Les nouvelles ne sont pas mauvaises ; le fait que l'armée d'Anvers a pu opérer sa jonction avec la nôtre me semble d'un heureux augure ;

d'ici quelques jours, la tournure générale de la guerre se dessinera, sans doute, avec plus de précision.

<u>20 Octobre 1914</u>

Par un ciel gris, je suis allé jusqu'à Choloy. Longue route insignifiante, bien foulée par la cavalerie, ces temps derniers. J'ai vu, en chemin, un train de ponts d'une division bavaroise, pris par nos troupes : 24 bateaux complets et plusieurs chariots de matériel. J'ai vu aussi le cimetière militaire, créé depuis la guerre et où pourrissent déjà 250 hommes ; leurs noms sont inscrits sur des croix de bois, qu'orne parfois un bouquet campagnard.

A l'Arsenal, on peint des canons en vert et jaune, couleurs d'automne, pour les rendre moins visibles, et je crois que l'on y réussit. On « invente » des engins destructifs de toute sorte, dont j'ignore l'efficacité.

<u>23 Octobre 1914</u>

Hier, un avion ennemi a survolé la place, poursuivant sa route droite, à 2.000 mètres environ, parmi les flocons blancs crachés par plus de 50 shrapnells, généralement bien dirigés. Sa destruction offrait sans doute un grand intérêt : pourtant, je ne souhaitais pas le voir tomber, admirant seulement le sang-froid de son équipage.

Il ne paraît pas encore possible de se prononcer sur l'issue de la bataille engagée dans le Nord et qui aura peut-être une importance capitale. Puisse-t-elle nous être favorable et abréger le cauchemar, qui paraît devoir durer bien longtemps encore !

Des soldats, parmi lesquels plusieurs de mes compagnons, pillent un magasin de la ville ; certains officiers donnent l'exemple ; et nous sommes en France !

<u>26 Octobre 1914</u>

La pluie est venue, la nuit dernière, et, avec elle, l'affreuse boue de l'Est.

Depuis hier soir, le canon tonne sans relâche ; ce doit être notre artillerie qui prépare un mouvement dans la Woevre.

A l'Arsenal, on fabrique des boucliers d'acier, montés sur roues, avec des brancards, soi-disant pour permettre aux fantassins d'approcher des tranchées. On construit aussi une espèce de catapulte, destinée à lancer des tubes chargés de cheddite ; je doute qu'elle atteigne la perfection de son aînée du Musée de Saint-Germain !… Quelles pauvres inventions.

Quelque respect que j'aie pour la Belgique et pour son Roi, je pense que les paysans belges ont bien pu commettre envers les soldats allemands quelques-uns des actes de sauvagerie dont ceux-ci les accusent et que cela peut expliquer certaines représailles. N'oublions pas que la Flandre est le pays des combats de coqs et des « concours de pinsons aveugles » ; ni que, dans la Flandre occidentale, tout comme sur les bords du Zuyder Zee, les bonnes gens accueillent volontiers les étrangers à coups de pierres ; j'en ai gardé personnellement le souvenir. C'est une des faces de la question.

<u>Toul, 1er Novembre 1914</u>

Quoi de plus pitoyable que ces soldats allemands montant sept fois de suite à l'assaut de positions formidables ? De plus atroce que ces bandes de sauvages africains et asiatiques mises au service de je ne sais quelle civilisation ! Droit, civilisation, mots vides ; on ne voit que des races ennemies qui s'entretuent férocement.

La religion abolie ne réfrène plus les appétits déchaînés ; seule, elle possède le merveilleux privilège de permettre à l'homme grossier de s'abstraire parfois de l'existence matérielle, de soupçonner qu'il existe en lui autre chose que ses instincts de brute.

<u>7 Novembre 1914</u>

Il y a quelques jours, les dépêches m'avaient donné quelque espoir : on parlait de « signes de faiblesse » des armées allemandes en Flandre, de « retraite prochaine », que sais-je ! Et je commence à croire que ces gens n'ont reculé un peu que parce qu'ils étaient submergés. Heureusement, les nouvelles de Russie sont bonnes ; espérons que cela continuera.

Je ne suis pas surpris des prouesses des croiseurs allemands, au Chili et ailleurs. La flotte de l'Empire se révèle aussi bonne que son armée ; c'est une preuve que, sur mer comme sur terre, une nation, rien que par la volonté, la discipline et l'organisation, peut atteindre de magnifiques résultats.

Puisse notre pauvre pays profiter de la leçon qui a failli lui coûter la vie !

<u>13 Novembre 1914</u>

Jamais la presse n'a été si bas. Le Matin et le Journal à défaut de nouvelles, publient de prétendus « récits de guerre » à dormir debout. Ils ont l'air de s'adresser à un public en enfance. Réduit à s'en prendre au bras du Kaiser et au nez de son fils, « l'esprit gaulois » est devenu si lourd qu'il n'a plus rien à envier à l'humour germanique.

J'apprends que les Halles d'Ypres sont détruites ; Bruges elle-même sera-t-elle épargnée ? Il ne restera donc rien de tous ces monuments qui faisaient le charme des Flandres ! Toutes nos riches provinces du Nord saccagées ; les usines détruites ; les puits de mine démolis. Et au-dessus de tout cela, on ne peut songer, sans une affreuse tristesse, à tant de bonheur anéanti…

De ces désastres, n'en sommes-nous pas responsables ? Une guerre ne peut être imputée absolument à tel ou tel gouvernement ; c'est, en général, le résultat d'un concours de circonstances, que l'on peut prévoir. Etait-il permis d'ignorer que l'évolution de l'Allemagne, depuis la fin du siècle dernier, devait fatalement aboutir à un conflit ? Notre Gouvernement est donc impardonnable de ne nous avoir pas armé suffisamment, je ne dirai pas pour conjurer ce conflit, mais, tout au moins pour assurer l'intégrité de notre sol.

Si nos frontières du Nord avaient été aussi bien défendues que celles de l'Est, il est probable que la Belgique n'aurait pas été envahie et que nos Départements du Nord ne seraient pas dévastés.

Mais « la défense laïque » préoccupait nos Ministres radicaux et socialistes bien plus que la défense nationale. Nous voyons aujourd'hui les effets de leur politique.

Pourtant, si l'Angleterre avait fait connaître vingt quatre heures plus tôt ses intentions, la guerre n'eut sans doute pas éclaté.

Quelle qu'en soit l'issue, il n'est pas douteux qu'elle sera suivie d'un appauvrissement général, sauf, peut-être, pour les Anglais.

Et voici déjà le Gouvernement britannique proclamant que c'est grâce à l'héroïsme des jeunes Anglais que triomphera la cause du droit ! Pourtant, ils n'ont guère payé de leur personne, jusqu'à présent, les jeunes Anglais, et ils y semblent assez peu disposés !

<u>Toul, 19 Décembre 1914</u>

Des nuages gris courent dans le ciel d'un bleu lavé ; je regarde une famille de corbeaux perchés sur un gros arbre dénudé, que berce le vent et que dore un rayon de soleil. Au loin, toujours, le canon gronde. Bientôt, peut-être, il faudra répondre à son appel.

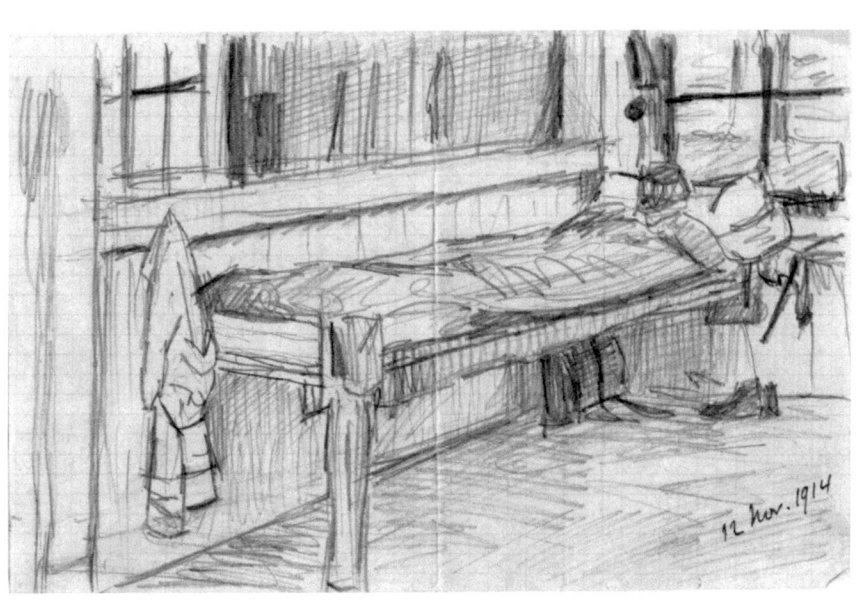

<u>20 Décembre 1914</u>

Bruley et Pagney : deux villages dont les toits plats de tuile brune étagent à flanc de coteau leurs rectangles, comme les boucliers de la « Tortue » romaine. De loin, un nuage de fumée bleue les décèle, alors qu'ils sont encore cachés par les plis du terrain. Cette campagne, à cette époque surtout, est infiniment triste. Personne dans les champs inondés ; à l'horizon, des bois où, presque sans trêve, gronde le canon. Sur les pentes des collines, des batteries nouvellement creusées, prêtes à tirer ; sur les sommets, les silhouettes basses des forts.

<u>Toul, Noël 1914</u>

Hier, avec deux camarades, je suis allé à Pierre-la-Treiche, village de pauvre apparence - comme tous ceux de Lorraine - au bord de la Moselle, qui serpente au pied de collines boisées où l'artillerie a pratiqué de larges coupes, afin de donner du champ aux innombrables batteries qui s'y terrent.

Le ciel était gris et le vent frais.

Sur le chemin de halage nous ont rejoints deux bateliers, qui se rendaient au même village, avec deux barques que tirait une paire de gros chevaux. Ils allaient meilleur train que nous et nous ne nous sommes point fait prier pour accepter l'offre, qu'ils nous ont faite - c'était des gens du Charolais - de monter en bateau… Mélancolique paysage : des collines rousses, que tache çà et là le vert sombre d'un bouquet de sapins ; la rivière, large et rapide, qui se déverse en plusieurs endroits sur des barrages, où l'eau jaunâtre tombe et tourbillonne, comme un torrent de Ruysdael.

Nous sommes revenus au crépuscule. Et nous n'avions pas fait une demi-lieue, que les deux bateliers, dont l'équipage, chargé de paille, allait meilleur train que jamais, vu la brise qui le poussait et le temps perdu au village, nous ont rejoints de nouveau. Nous nous sommes étendus sur les bottes entassées sur les deux barques accouplées. On n'entendait rien que le clapotement de l'eau et le trot assourdi des chevaux. A l'horizon, la brume du soir bleuissait les collines.

Puis la nuit est venue, la nuit de Noël. Les collines bleues se sont fondues dans le ciel gris ; çà et là, de petites lumières ont étoilé la campagne.

<u>10 Janvier 1915</u>

Depuis hier soir, une canonnade intense secoue les vitres. Dans la nuit, les projecteurs ont illuminé le ciel ; les avions ont pris leur vol. On dit que nous avons réussi à couper les communications de l'ennemi, du coté de Saint-Mihiel. Je souhaite que ce soit vrai.

Chaque matin, au quartier, on donne lecture du compte-rendu des barbaries commises par les Allemands ; on s'étonne qu'un sentiment d'horreur n'étreigne pas tout être humain à ces récits !

Je ne crois pas que ces misérables soldats soient entièrement responsables de ces atrocités : c'est une race grossière que l'Etat prussien n'a rien fait pour humaniser ; et le protestantisme est trop intellectuel pour avoir pu exercer sur elle une influence profonde et efficace.

Puis, il n'y a rien de tel que le commerce pour tarir la source des sentiments nobles, lorsqu'on s'y adonne aussi exclusivement que la plupart des Allemands de la classe moyenne. Mais, de grâce, que l'on ne vienne pas mêler à tout cela Goethe et Wagner !

Il est, d'ailleurs, curieux d'observer que, malgré toutes les « violations du droit » commises par nos ennemis, les Américains du Nord, indépendamment des Allemands émigrés, paraissent, en général, éprouver pour eux une certaine sympathie, mêlée d'admiration : ce sont des « civilisations » qui se ressemblent.[1]

15 Janvier 1915

Nous ne faisons toujours presque rien ; un transport de matériaux que nous avions entrepris est entravé par la crue de la Moselle.

Je trouve scandaleuse la réouverture des théâtres, à Paris, surtout depuis que j'ai vu les programmes. Je comprends l'indignation de ce soldat allemand, qui parlant au nom de ses camarades, déclarait qu'ils préféraient ne pas recevoir un seul pfennig, plutôt que de penser que cet argent était le produit de « fêtes » organisées en leur honneur.

19 Janvier 1915

Je viens de voir passer une centaine de prisonniers prussiens, hébétés, d'une pâleur de cire, comme tous les hommes qui descendent des lignes.

Toul, 18 Février 1915

… Le hasard m'a conduit, par de vieilles petites rues tortueuses, au pied de la cathédrale. Il faisait noir et le vent soufflait. La lueur vacillante d'un réverbère éclairait le triple portail et le bas de l'église, dont les deux tours fuyaient dans la nuit. Le pignon d'une maison, plongé dans l'ombre, se profilait sur la clarté de la place, dont il masquait à gauche la plus grande partie. Je n'oublierai pas cette vision, évocatrice de Rembrandt.

---

[1] « In fact, of our soldiers who were quartered in Germany after the armistice, many much preferred the Germans to the French » J. Truslow Adams, "The Epic of America", 1932, page 389.

Toul - 20 nov 1914

<u>30 Mars 1915</u>

Nous quittons Toul jeudi matin ; j'en suis bien aise. Nous allons à Saizerais, entre Toul et Pont-à-Mousson, pas bien loin de Liverdun, qui est un des plus jolis sites de la Lorraine.

EN LORRAINE

<u>Batterie N° - 2 Avril 1915</u>

En plein bois ; journée superbe. Seul, le chant des oiseaux et, par intervalles, le grondement lointain des batteries du Bois-Le-Prêtre et d'alentour, troublent le silence.

Dans les champs, des vieux et quelques femmes font les labours.

Au village, distant d'une demi-lieue à peine, les gens m'ont paru complaisants, malgré les troupes nombreuses, cavalerie surtout.

Nous dormons sur la paille, dans une hutte de branchages ; il y fait froid, surtout vers l'aube.

Nos pièces, deux 120 courts, se cachent de l'autre côté de la route, qui borde notre campement.

<u>7 Avril 1915</u>

Ce sont, depuis 5 jours, des canonnades comme on n'en avait pas entendu depuis Septembre. Le soir, l'horizon est en feu : lueurs fulgurantes des pièces, fusées éclairantes par dizaines, faisceaux lumineux des projecteurs. Sans doute, cherche-t-on à prendre Thiaucourt.

J'ai vu passer un régiment de chasseurs, qui m'a fait la meilleure impression : chevaux excellents, tenue impeccable.

10 Avril 1915

La campagne est verte, à présent. Au loin, vers le Bois-Le-Prêtre, où notre avance se poursuit, le 75 gronde, par rafales ininterrompues.

Chaque soir, à 6 heures, je vais chercher nos lettres au village. Il y a au tournant du chemin, un grand Christ argenté, dont le modèle dût être l'œuvre d'un maître. Je m'y suis arrêté, un soir. Au bas de la côte, le village, déjà plongé dans l'ombre, semblait endormi ; seule, une lumière brillait, à la fenêtre d'une des premières maisons. Au loin, par-delà les collines boisées qui se profilaient sur le pâle crépuscule, le canon tonnait ; par instants, des shrapnells étoilaient l'horizon. J'écoutais la plainte du vent. Le Christ blême paraissait accablé de douleur, que les hommes méconnussent ainsi sa divine loi d'amour.

19 Avril 1915

Je suis allé, dans un bois de sapins aux belles allées ombreuses, jusqu'à une ferme abandonnée. Il y a une grande chambre, avec des alcôves profondes et un vieux plafond aux poutres apparentes ; les fenêtres s'ouvrent sur une petite prairie carrée tout enclose de sapins. Cette vieille demeure dévastée, perdue dans les bois, aurait pu être un temple de l'amour…

Je crains que la guerre ne soit longue encore. J'ai vu les organisations défensives, singulièrement perfectionnées, que l'on construit à présent ; j'ai vu aussi la formidable canonnade du début de ce mois aboutir à une avance de quelques mille mètres, alors que le but d'une action si violente paraissait être, selon toute vraisemblance, la prise de Thiaucourt.

Les communiqués ne donnent jamais que des résultats, sans indiquer, et cela se conçoit, ni le but que l'on se proposait, ni les moyens déployés pour y parvenir. Mais ma croyance est que nous ne parviendrons à progresser que très lentement, au prix des plus grands sacrifices.

<u>Bois-Brûlé, 27 Avril 1915</u>

Depuis quelques jours, les Allemands tirent sur Dieulouard, petite ville industrielle, à une lieue d'ici, au bord de la Moselle.

S'il nous faut vraiment renoncer à rien entreprendre, pour ne compter que sur leur épuisement, la guerre ne sera peut-être pas finie l'hiver prochain !

<u>1er Mai 1915</u>

Depuis quelque temps, on n'entendait plus le canon que par intervalles et, dans le bois de sapins, son tonnerre sourd ressemblait, à s'y méprendre, à celui des lames qui s'écrasent sur les grèves, les jours de grande houle.

Aujourd'hui, dès l'aube, la canonnade a repris avec l'intensité des jours de bataille et l'on voit, par-delà les bois qui bordent l'horizon, éclater les obus allemands.

… Rien ne peut justifier les entreprises de l'ennemi contre les villes ouvertes et les populations civiles. Quant aux procédés dont il use contre nos troupes, je crois que le plus grand blâme qu'on puisse lui adresser est d'avoir mis sa signature au bas de conventions internationales qui en proscrivaient l'emploi.

Le temps de la Chevalerie est passé ; il est permis de le regretter. Mais, dans les guerres d'aujourd'hui, on peut soutenir que tous les moyens sont bons pour parvenir au résultat recherché. Je ne vois pas, quant à moi, qu'il y ait avantage à être décapité par un éclat d'obus, plutôt qu'asphyxié par des vapeurs délétères ; et il me paraît hors de doute que, si nous avions disposé, comme on l'a prétendu à la déclaration de guerre, de quelque formidable explosif, nous n'eussions point hésité à nous en servir. On concevrait même, dans l'intérêt des peuples en conflit, qu'il valût mieux recourir aux procédés les plus meurtriers : la durée de la guerre en pourrait être abrégée, sans qu'il y eût, au total, plus de morts et de blessés.

D'ailleurs, question des civils et du traitement des blessés mise à part, n'est-il point paradoxal de soutenir qu'on peut se battre avec humanité ? Quel abus n'a-t-on pas fait, chez nous, de ce mot d'humanité ? Quelles sottises nos hommes de gouvernement n'ont-ils point commises en son nom ?

Humanité, Guerre : ceci n'est-il point la négation de cela ? Et cette théorie allemande de la Force, la Nature ne se charge-t-elle point d'en démontrer à chaque instant la brutale vérité ? Lorsque l'Allemagne tombera, sera-ce par la vertu de notre bon droit ? Non, ce sera par la Force, mise, par l'intérêt, au service de nos droits.

Certes, il est des circonstances où le Droit peut faire la Force, ou, du moins, l'augmenter ; mais par contre, on conçoit fort bien que la Force puisse, dans certains cas, créer le Droit ou, mieux, des droits[1] : sinon, ne faudrait-il pas renoncer à justifier jamais la Révolution française, par exemple, ou bien la Colonisation ? Ce qui serait du reste, assez conforme à mes tendances, car je n'aime guère les accommodements…

Ce que je trouve surtout ignoble, chez le Germain, c'est cette mauvaise foi, cet orgueil, cette cruauté, ce vandalisme systématiques…

De la perte du « Léon Gambetta », on ne peut pas dire grand-chose, sinon qu'il eût été vraiment extraordinaire que ce croiseur filant 7 nœuds, sans escorte, par clair de lune et mer plate, dans le canal d'Otrante, ne fut point torpillé !

<u>4 Mai 1915</u>

Hier, je suis allé à la lisière de la forêt de l'Avant-Garde, qui domine de 100 mètres les deux vallées de la Moselle et de la Meurthe : paysage ravissant ; le bois est coupé de clairières ; il y a des

---

[1] « De là vient le droit de l'épée, car l'épée donne un véritable droit », Pascal, Pensées, Art. XXIV, 14 et ss.

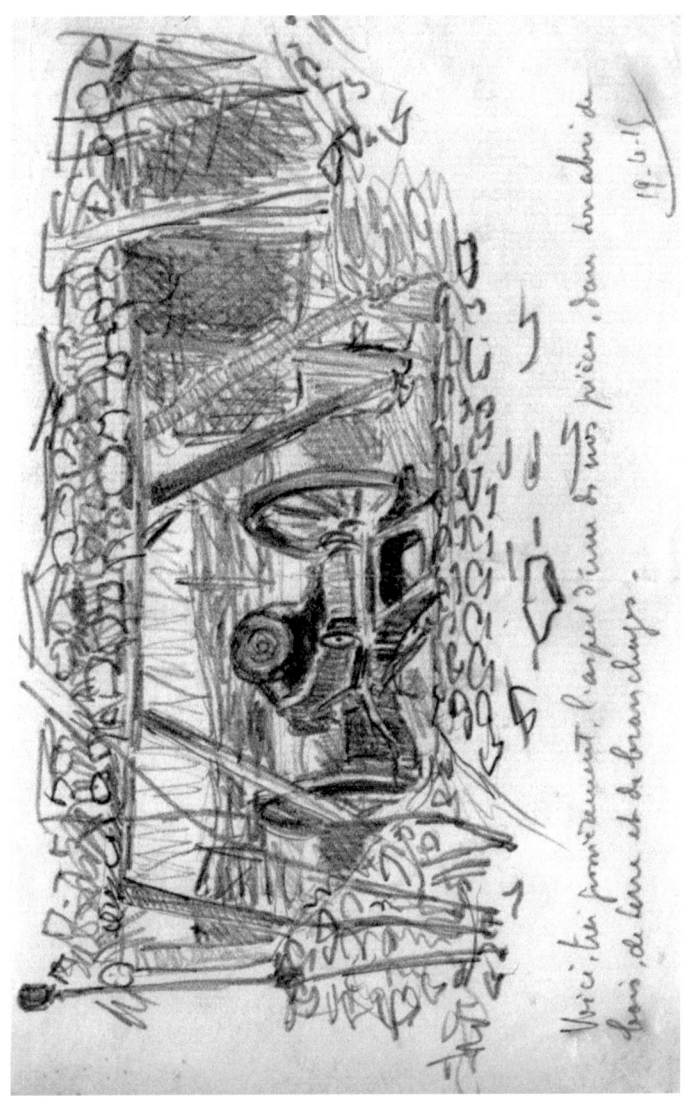

escarpements de roches et de grandes percées comme celle des Beaux-Monts, à Compiègne…

Petite scène entre le Chef d'escadron Fouché, Ingénieur, ancien Polytechnicien, et un Maître Pointeur :

Le Commandant s'approche de la pièce pour en vérifier le pointage, et regarde dans le goniomètre.

Le Commandant - « Mais vous ne savez pas pointer, mon garçon ! Comment se fait-il que l'on vous ait mis pointeur ? »

Le Pointeur - tout bas au Lieutenant - « Je pense bien qu'il ne voit rien, il met le goniomètre à l'envers ».

Le Lieutenant place l'appareil comme il faut et dit au Commandant : « Maintenant, mon Commandant, à moins d'être myope, vous devez voir le repère ».

Le Commandant - « En effet, en effet, je le vois très bien… Mais, de mon temps, ce n'était pas comme cela ! »

<u>8 Mai 1915</u>

Nous habitons, depuis deux jours, notre nouvelle cabane. Nous y sommes bien ; il n'y pleut pas ; elle est assez grande et claire.

La maison la plus proche est à une bonne demi-lieue. La campagne est déserte, vallonnée, très boisée.

Hier, au soleil couchant, la lande voisine, où poussent de minuscules sapins, apparaissait tendue d'un réseau serré de fils argentés, tissés par les araignées et qui évoquait, à plus d'un égard, ceux qui défendent l'approche des tranchées. Le chant des oiseaux, et, par instants, le croassement d'un corbeau au vol lourd, le ronronnement d'un avion, ou la voix du canon, interrompaient seuls le silence du soir. Au loin, trois ballons d'observation et, plus haut, les fumées d'obus tirés contre les éclaireurs aériens, faisaient des taches noires sur le ciel pâle.

La nuit tombée, une infinité de hannetons envahirent le bois et les clairières, emplissant l'air de leur bourdonnement ; jamais je n'en avais tant vu.

6 Heures du soir

Pas un souffle d'air. Le ciel est couvert. Des myriades de moucherons tournoient. Les oiseaux chantent inlassablement leur chanson, que domine, par intervalles, la détonation sèche des 75 visant quelque avion. Il fait chaud, ce soir, dans le bois de sapins où se poursuivent les tourterelles.

<u>11 Mai 1915</u>

Hier, je suis allé avec Cloniet, à Rogéville, village des environs, qui a grandement souffert d'un bombardement, en Septembre dernier. De beaucoup de maisons, il ne reste que les murs ; encore sont-ils troués par les obus. L'intérieur de l'église est dévasté. Ces ruines, sur lesquelles l'herbe a poussé déjà, paraissent très anciennes : elles sont dorées comme les vieux monuments du Midi et la vue, par la brèche d'un mur branlant, d'un coin de pré vert et de ciel bleu, évoque en même temps que le souvenir des ruines romaines, le contraste de la Vie et de la Mort.

… Comme nous revenions par les champs, nous passâmes près des vestiges d'un petit bois de pins, rasé par les artilleurs ; seul, un arbre avait été épargné, pour servir, sans doute, de repère. Dans ses branches, s'abritait une couvée de jeunes corbeaux. Obéissant à son instinct de paysan, Cloniet, bien que je lui eusse fait connaître mon sentiment et qu'il me serait désagréable que ce nid fût détruit, a grimpé sur l'arbre et déniché les petits. La mère tournoyait dans le ciel en croassant.

Cela m'a tant peiné que je l'ai laissé là. J'avais bonne envie de lui dire que, de même que sa volonté avait été de prendre ces jeunes corbeaux, bien qu'il sût me blesser, de même, ma volonté était de n'avoir plus rien de commun avec lui. Mais il ne m'eut pas compris ; il lui paraît aussi extravagant que je l'empêche de détruire un nid, qu'il le pourrait paraître à un chat que je l'empêche de poursuivre une souris.

Je n'ignore point, pourtant, que suivant la grande classification utilitaire, le corbeau est un être « nuisible » ; on dit que, dans certaines tribus sauvages, les vieillards, eux aussi, sont considérés comme tels et abattus. Mais, pour des raisons de sentiment - deux mots qui jurent ensemble - analogues à celles qui font que, chez les peuples policés, on admet les vieillards à subsister, il m'était douloureux que ce nid, préservé par la destinée, comme l'arbre où il s'abritait, fût détruit.

Je n'ignore pas davantage qu'au regard de la grande loi de Nature qui, il faut bien le croire, est aussi la loi de Dieu, Cloniet a raison et, moi, j'ai tort, puisque, partout, on voit l'être faible asservi ou détruit par le plus fort, qui en tire généralement sa substance. C'est la loi universelle, implacable : la Nature ignore la pitié, comme elle ignore le Droit : pour elle, la Force, seule, existe.

Le Droit n'est-il donc qu'une consolation que le faible s'est créé dans son désespoir de ne pouvoir lutter contre la Force ? De même que les hommes, impuissants à résister à la mort, qui les épouvante, se sont forgé le mythe de l'immortalité de l'âme ?

N'est-ce que le rêve de quelques penseurs, sensibles et généreux, révoltés, comme Vigny, par la cruauté de l'indifférente nature, produits de cette culture affinée qui obnubile la réalité et qui met dans le cœur, en même temps que le germe des jouissances les plus élevées, celui de la plus âpre souffrance.

Je ne sais ; mais la faiblesse ne suffit point à créer le droit ; et les rêveurs qui reprochent à la nature sa dureté sont des utopistes, des anormaux, inaptes au grand combat de la vie et qui mènent à leur perte ceux qui les écoutent. Partout, la force prime le droit et si, parfois, il paraît en être autrement, c'est qu'alors il se trouve conforme à l'intérêt d'une force supérieure que le droit du faible soit respecté.

Et si la loi naturelle est en même temps la loi divine - Dieu eut-il permis qu'il en fût autrement ? Les Allemands, s'ils se croient les plus forts, ont raison de dire : « Dieu est avec nous ». Et la paix ne régnera parmi les peuples que lorsque « la plus grande Force » aura détruit ou asservi toutes les autres…[1]

<u>17 Mai 1915</u>

Temps gris ; le vent fait gémir les pins.

Voici trois jours, je suis allé sur une hauteur d'où la vue s'étend assez loin ; il faisait vent et des nuées grises couraient dans le ciel : au loin, dans la vallée où miroite, par endroits, l'eau de la Moselle, on aperçoit Pont-à-Mousson, qui s'étend au pied d'une colline abrupte dont le sommet, couronné par un monastère en ruines, rappelle ces effrayantes montagnes que dessina, pour les Contes de Fées, Gustave Doré.

<u>21 Mai 1915</u>

Hier, j'ai vu passer un bataillon d'infanterie qui montait aux tranchées : l'anxiété creusait les visages des hommes, déjà d'un certain âge, pour la plupart ; un silence de mort régnait sur la colonne, que menaient quelques tout jeunes officiers… On dit que les jeunes classes ont de l'entrain ; qu'on se garde, alors, de les mêler aux vieilles !…

Il me paraît impossible, par notre seule force militaire, de mener à bien cette guerre avant l'hiver. D'autre part, les économistes les plus réputés se sont si lourdement trompés sur les ressources de l'Allemagne, que je n'ose plus escompter son écroulement financier. Reste l'intervention Italienne ?

---

[1] « Il est juste que ce qui est juste soit suivi. Il est nécessaire que ce qui est le plus fort soit suivi. », Pascal, Pensées, Art. XXIV, 15.

<u>24 Mai 1915</u>

Un grand vent souffle. Le ciel est pur. Chaque jour, je découvre à ce pays de nouvelles beautés : les champs, que les paysans ont abandonnés, sont tapissés de fleurs jaunes. Le soir, du fond des vallons, les sombres sapins qui bordent les crêtes apparaissent, parfois, estompés dans un brouillard bleu. N'était, par intervalles, le bruit lointain du canon, rien ici ne ferait songer à la guerre…

Nous venons d'apprendre que l'Italie se décidait à tenter la fortune des armes ; puisse la guerre en être abrégée !

<u>30 Mai 1915</u>

Avant-hier au soir, je me trouvais à la lisière de la forêt ; vers l'Ouest, on tirait sur des avions. Les innombrables panaches noirs des obus s'étageaient en éventail au-dessus d'un de ces soleils couchants dont Turner a le secret, et l'on eut dit l'explosion formidable de quelque titanesque engin projetant ses éclats dans le ciel d'or.

<u>2 Juin 1915</u>

Hier, jour de repos, de chaleur et d'ennui, je suis allé jusqu'à une de nos batteries, en position dans une petite carrière, en avant du village, aux trois quarts détruit, de Mamey : deux mortiers de 220, servis par des camarades de la $25^{\text{ème}}$. Depuis plusieurs mois, les Boches tirent dessus : cependant, il n'y a jusqu'à présent, aucun blessé. En plein soleil, les hommes travaillent à consolider les abris. Rien de plus monotone que la guerre, pour l'artillerie du moins.

Dans le village, les soldats construisent, sur les ruines, des abris en troncs d'arbres, qu'ils chargent de pierres. Partout, des batteries, des tranchées, défendues par des réseaux de fil de fer et des trous de loup. La forêt de Puvenelle regorge de troupes qui s'y reposent, à l'abri du regard des aviateurs.

Entre onze et cinq heures, par les pistes tracées par l'artillerie, j'ai fait, dans les bois de la verdoyante vallée de l'Ache, sept lieues à peu près, dont une à cheval avec, les conducteurs d'un échelon qui menaient les bêtes à l'abreuvoir. L'un d'eux m'a dit que la plupart de leurs batteries se trouvaient réduites à 3 pièces de 75 ; que les tubes étaient usés et avaient déjà causé, par leur éclatement, d'assez nombreux accidents et que, sauf en cas de presse, on ne tirait plus qu'avec de grandes précautions.

… Il y a en ce moment, au village, une compagnie du 367ème d'infanterie, retour du front, et dont le capitaine (Poncin) est le type achevé du soudard : gros et vulgaire, cafetier de son état, il passe son temps au cabaret avec ses gars et verse, dit-on, sa solde à l'ordinaire de la compagnie. Il prétend qu'il faut être ivrogne pour être bon soldat et se vante qu'aucun prisonnier n'est passé par les mains de ses hommes - j'allais dire de sa bande - sans avoir été consciencieusement dépouillé et bourré de coups de poing. On dit qu'il est brave ; heureusement pour lui !

<u>5 Juin 1915</u>

Ceux qui gouvernent ce beau pays ont-ils jamais soupçonné que chaque pièce de canon fabriquée permettrait, le jour venu, d'épargner des centaines de vies humaines, eux qui nous ont livrés à demi désarmés, malgré la continuelle menace de l'Allemagne ? Et dans ces conditions, sommes-nous en droit de nous indigner lorsque des fantassins hésitent à sortir de leurs tranchées pour assaillir des ouvrages que l'artillerie a laissés presque intacts, et à l'abri desquels l'ennemi les fauchera comme du blé ?

Voici quelques jours, j'ai vu partir un bataillon d'infanterie, commandé par un tout jeune capitaine, à la physionomie douce et sympathique ; aujourd'hui, le capitaine est tué ; les deux tiers des hommes sont tombés. Je trouve cela atroce. J'admire Joffre qui, malgré l'opinion, et bien que son prestige soit en jeu, a le courage d'attendre, d'attendre que le Gouvernement de la République libre et éclairée lui donne, enfin, des canons et des obus, pour ne pas envoyer ses hommes à la tuerie. Ces canons, ces munitions, sont-ils prêts ? Depuis bientôt un an, les arsenaux et les usines les ont-ils fabriqués ? On n'en sait rien. Alors ? Faudra-t-il encore attendre tout un hiver, ou se résigner à sacrifier encore des milliers de soldats à l'incurie démocratique ? Et, devant un pareil dilemme, est-il possible d'être « optimistes », conformément à la consigne officielle ?

Il faut être aveugle, ou vouloir se leurrer, pour s'imaginer que la campagne prendra fin dans deux ou trois mois ; il faut une naïveté sans bornes pour croire qu'elle pourra se terminer en Juillet 1915 ! C'est le cas de dire : « Ces gens là ont des yeux pour ne pas voir et des oreilles pour ne pas entendre ». Il serait d'ailleurs présomptueux d'assigner à la guerre un terme certain : mais je crois que l'on peut affirmer, sans risquer de trop se tromper, qu'elle ne finira pas avant l'hiver prochain.

Sur certains points, et particulièrement sur les lisières du Bois-Le-Prêtre, la lutte a pris un caractère de sauvagerie indescriptible. Quelle épouvantable régression ! Loin de régénérer l'homme, comme certains le soutiennent, une guerre pareille déchaîne, au contraire, tous ses pires instincts, consacre le triomphe de la brute sur l'esprit. On ne saurait avoir trop de haine pour les Gouvernements qui ont voulu, et pour ceux qui n'ont pas su empêcher ces horreurs. Et voilà que nous allons voir s'instituer en Angleterre le service militaire obligatoire, fléau redoutable, dont elle avait pu se croire affranchie pour toujours.

<u>10 Juin 1915</u>

Voici, d'après les notes et communiqués plus ou moins officiels, comment m'apparaît aujourd'hui la situation : il a été dit <u>officiellement</u> que, depuis plus de six semaines, nous avions multiplié les attaques afin d'empêcher l'ennemi d'envoyer des renforts sur le front oriental, mais que notre manœuvre avait échoué, la puissante artillerie des Allemands leur ayant permis, bien qu'inférieurs en nombre, d'enrayer notre offensive. Cette constatation me paraît avoir une importance capitale : en effet, si, en nombre supérieur et à valeur égale, nous ne sommes parvenus, sur aucun point, à remporter un avantage décisif, cela ne peut tenir, à mon avis, qu'à deux causes : l'insuffisance des munitions, et l'usure des canons. On prétend que les obus ne manquent pas ; je veux bien encore l'admettre : mais cela ne sert à rien, si nous n'avons plus assez de pièces en état de tirer. A la Marne, nous n'avons pu poursuivre parce que les munitions manquaient ; victorieux demain, il serait à craindre que notre progression ne s'arrêtât d'elle-même, parce que les canons, et principalement les 75, n'en peuvent plus. Et j'en viens à me demander si, le jour où les Allemands parviendraient à masser contre nous, grâce à une de ces manœuvres dont ils sont coutumiers, des forces suffisantes pour tenter une sérieuse offensive, nous serions à même de leur opposer une longue résistance.

<u>12 Juin 1915</u>

La guerre sera longue encore. A quoi bon le dissimuler ? Sans doute le Gouvernement paraît aujourd'hui résolu à faire ce qu'il faut pour accroître notre production industrielle : mais ce que nos politiciens égalitaires et mesquins n'ont pas su organiser dès le début de la campagne ne s'improvisera pas en un jour. L'Allemagne a dû prendre une formidable avance. Un effort gigantesque est donc nécessaire : puisse-t-il être suffisant ! Et, en tout cas, quand portera-t-il ses fruits ? Pas dans deux mois, ni même dans six, à moins, peut-être, que le Gouvernement américain se décidant à prendre parti, l'industrie des Etats-Unis se trouve à même de nous apporter son concours entier et exclusif…

Hier soir, je suis allé <u>au théâtre</u> ! Un joli théâtre, édifié dans un clos de Saizerais, et qui, grâce au ciel étoilé et à un grand mur qui bordait un des côtés de la salle, m'a rappelé celui d'Orange ! Le portique, du meilleur goût, est fait de perches à houblon blanchies à la chaux et ornées de drapeaux et de guirlandes de feuillage. Comme rideaux et toile de fond, des toiles de tentes assemblées. Deux rampes à l'acétylène illuminent la scène. La salle était comble ; à l'orchestre de nombreuses dames villageoises et, debout, fantassins, dragons, artilleurs, les officiers mêlés avec les hommes. Le concert fut réussi : numéros variés, chansons grivoises et sentimentales… A 10 h 1/2 tout était terminé, après une magnifique « apothéose » : « la défense du drapeau », avec authentiques poilus en armes, feux de Bengale et Marseillaise !

Il y avait beaucoup d'entrain. Tout cela monté et organisé par un bataillon d'infanterie venu, après tant d'autres, prendre quelques jours de repos, entre deux séjours aux tranchées du terrible « Quart en Réserve ». Pauvres hommes que la mort frôlait il n'y a pas huit jours et qui, dans la moitié de ce temps, ne seront peut-être plus !

<u>15 Juin 1915</u>

Les jours passent avec une monotonie désolante. Ciel bleu ; le vent souffle dans les pins. Malgré quelques passagères nuées d'orage, il n'est pas tombé d'eau, ici, depuis six semaines.

La campagne de Charles Humbert[1] prend un peu trop l'allure d'un plaidoyer pro domo. Son dernier article, sur la Bethleem Steel Co. est bon, tout au plus, à inquiéter le public, par des réticences qui peuvent laisser entendre que nous sommes menés par des incapables et que M. Humbert est l'unique Français qui ait vu clair !

<u>23 Juin 1915</u>

Il nous est arrivé cinq ou six « bleus » de la classe 1916.

Lundi, nous sommes allés, Cloniet et moi, nous baigner dans un ruisseau qui coule, au milieu des prés, dans une profonde vallée ; il est bordé de saules et de roseaux et constellé de nénuphars. Il n'a guère que douze pieds de large, mais son lit est assez profond pour que l'on puisse y nager. Le soleil était très chaud ; l'air sentait le foin coupé. Après, nous sommes allés, par les bois, jusqu'à Jezainville, village à flanc de coteau, bombardé l'automne dernier, et d'où l'on découvre Pont-à-Mousson et ses environs...

---

[1] [Sénateur de la Meuse, Rapporteur de la Commission de l'Armée.]

La plupart des « récits de guerre » et de « poilus » sentent horriblement le toc ; on prête aux soldats un langage qui, fût-il vrai, perdrait, à être imprimé, toute espèce de saveur. La sténographie n'a rien de commun avec la littérature, surtout quand elle se borne à enregistrer des grossièretés et des locutions argotiques. Il a fallu arriver à notre siècle pour découvrir un charme aux propos du peuple-soldat : jusqu'alors, seuls, ses gestes avaient paru dignes d'intérêt !

… Il fait lourd. Le soleil blanc brille dans la percée d'un gros nuage ardoisé d'orage.

<u>30 Juin</u>

Passant par Rogéville, je suis entré dans l'église, aux trois quarts ruinée par les obus ; une partie du toit s'est écroulée sur la nef, écrasant les bancs. Un grand Christ a un bras coupé. Un autre, qui figure sur un chemin de croix en plâtre peint, dont il ne subsiste que quelques épisodes, est décapité. Tout est criblé de trous et d'éraflures. Les murs, au voisinage de la porte d'entrée, sont couverts de naïves et touchantes inscriptions, tracées par des soldats de passage - gens du Nord et du Midi - et qui étonnent, en ce siècle d'impiété. Dans le petit cimetière qui entoure l'église, presque toutes les tombes sont brisées.

<u>3 Juillet 1915</u>

Rien ne vient, rien ne peut venir en ce moment ranimer notre espérance. Des mois passeront encore avant que nous soyons armés. D'ici là, notre ambition doit se borner à contenir l'effort de l'ennemi.

<u>6 Juillet 1915</u>

Depuis quelques jours, le canon gronde presque sans répit vers le Bois-Le-Prêtre ; ce sont tantôt les détonations sourdes et espacées des grosses pièces, tantôt les roulements des 75 exécutant des barrages contre un ennemi que le remplacement, par des contingents de moindre valeur, des troupes qui occupaient cette partie du front, paraît avoir rendu plus entreprenant.

Hier, je suis allé jusqu'à la vieille ferme-château de Pierrefort - qui a été bombardée et occupée par les Boches -, dont une grande partie date du XIVème siècle. Il s'y trouve, en particulier, une salle basse à pilier central et voûtes ogivales à nervures, que j'ai trouvée fort intéressante : cela évoque Rembrandt et Gustave Doré. Deux cheminées à manteau se font vis-à-vis ; elles sont d'inégale grandeur, mais un chêne plus que centenaire brûlerait aisément dans leur âtre. La plus petite abritait une énorme futaille. Dans un coin sombre criait un merle, emprisonné dans un panier à salade accroché à la muraille. Le fermier, homme sur la cinquantaine, au visage camard et ridé, à l'œil sournois - je dis l'œil parce qu'il tenait l'autre obstinément clos -, le chef couvert d'un feutre Louis XI, les pattes si courtes que ses genoux touchaient presque son ventre, paraissait échappé des merveilleux dessins de l'illustrateur des Contes de Fées. Sous les voûtes, du lard séchait, posé sur des perches, selon la coutume Lorraine. Des tables branlantes, quelques vieilles chaises, une espèce de bahut encombré de pots de grès et de vaisselle, une machine à coudre allemande, composaient le mobilier. Puis, un grand évier de pierre et divers ustensiles qui traînaient, sales et en désordre, comme chez presque tous les paysans de par ici. Deux petites fenêtres et une lucarne, percées dans des murs de six pieds d'épaisseur, éclairaient ce curieux tableau.

La cour, carrée, est bordée de trois côtés par les bâtiments de la ferme, dans l'un desquels s'ouvre la porte voûtée que devait, jadis, compléter un pont-levis et, de l'autre, par une balustrade en pierre qui domine de plus de 200 pieds la vallée verdoyante d'un petit affluent de la Moselle. On découvre de là un village qu'entoure maintenant un vaste camp, qui tient à la fois du « ranch » et du village nègre et où se pressent hommes, chevaux, caissons et voitures de ravitaillement. De temps en temps, les batteries ennemies, qui ne sont guère qu'à deux lieues, tirent dans le tas.

<u>7 Juillet 1915</u>

Nuit fertile en incidents ! Je m'étais couché vers 9 h 1/2 ; la chaleur, accablante, me rendait insupportable le contact de la paille et de ma couverture ; je ne parvenais point à dormir. La canonnade grondait sans arrêt, zébrant de lueurs un ciel d'orage.

Deux jeunes soldats, attirés par ce spectacle, se lèvent et sortent. Quelque temps après, je commençais à sommeiller, lorsque nous sommes éveillés par des coups de feu tout proches et des cris de « A moi », etc. Voilà ce qui s'était passé : nos deux camarades étaient montés jusqu'à la route qui borde notre petit bois, et d'où ils contemplaient la ligne de feu. Arrive une auto portant des officiers. Ceux-ci, apercevant, à la lueur de leurs phares, deux hommes en blanc à la corne du bois, stoppent et éteignent leurs lanternes. L'un d'eux descend, le revolver au poing, et interpelle les deux bleus qui, pris de peur, fuient vers le bois. L'officier tire alors dans leur direction, en appelant à l'aide. Affolé, l'un de nos deux héros, après avoir perdu ses sabots dans sa course, tombe finalement dans un trou ; l'autre s'aplatit dans le fossé bordant la route et hurle : « je suis français, ne tirez plus ! » Sur ces entrefaites, arrivent nos sentinelles et tout s'explique.

… Mais ce n'était pas tout. Recouchés, nous ne pouvions dormir : chacun disait son mot sur l'incident. La chaleur était toujours aussi accablante. Puis le grondement du tonnerre commençait à se mêler à celui du canon. Vers minuit, les éclairs se succédaient sans relâche, à tel point que nous baignions dans une clarté violette, et vingt canons tirant près de nous n'eussent pas fait plus de vacarme que les éclats de la foudre. C'était magnifique. Ensuite, ce fut un déluge ; puis la foudre éclata de nouveau. A deux heures du matin, personne n'avait encore pu fermer l'œil.

<u>14 Juillet 1915</u>

En côtoyant la lisière de la forêt de Puvenelle, nous atteignons Jezainville, dont plusieurs maisons portent les traces des bombardements. Puis Maidières, faubourg de Pont-à-Mousson, qu'arrosent, de temps en temps, les 77, ainsi qu'en témoigne la façade grêlée des maisons. Les Boches se tiennent à peu près tranquilles ; les départs espacés de nos pièces, défilées dans la forêt, rompent seuls le silence de cette lourde après-midi. Des hauteurs de Norroy, l'ennemi surveille la route : aussi, convois et détachements n'y passent guère que la nuit. Çà et là, quelques tombes de soldats allemands, désignées par des croix de bois. Sur l'une d'elles, cette inscription : « Hier ruhen zwei deutsche Krieger ». Vestiges des premiers combats.

De part et d'autre du chemin, beaucoup de trous d'obus. Nous laissons à droite Pont-à-Mousson, la vallée de la Moselle et la colline abrupte que surmontent les ruines du village de Mousson, bombardé l'automne dernier et, par la belle route de Saint-Dizier à Metz, nous gagnons Montauville, point de rassemblement des troupes qui montent vers le Bois-Le-Prêtre ou qui en reviennent, et premier poste de secours. Toutes les maisons en bordure sont criblées de balles par les shrapnells dont les Boches assaisonnent chaque jour, cette voie sillonnée de troupes et de convois. Ce qui n'empêche qu'à quelques mètres de là, au bord du ruisseau qui coule en contre-bas, des bonnes femmes lavent paisiblement leur linge.

A gauche, vers la lisière de la forêt, les départs de notre artillerie se font plus brutaux ; nos obus sifflent au-dessus de nous, filant vers les lignes Boches, d'où nous vient aussitôt après, le bruit assourdi de leur éclatement.

Montauville : village tout en longueur, de chaque côté de la grand-route. A gauche, avant d'y entrer, un petit cimetière aux tombes toutes fraîches et fleuries. Des écriteaux vous invitent prudemment à ne pas stationner dans la rue et à longer les maisons de droite, abri précaire contre la rafale toujours attendue, de 77. Toutes les maisons sont criblées d'éclats. Plusieurs, marmitées, offrent des ouvertures béantes, des pignons écornés, des gouttières tordues, percées comme des râpes. L'église est à peu près intacte : les portes en sont ouvertes. Des soldats morts y attendent leur sépulture. Parmi la foule des poilus hirsutes et boueux - il pleuvait, ce matin - fantassins de la dernière couvée et coloniaux à cheveux gris, nous gagnions le poste téléphonique, dans une pauvre école que la mitraille n'a guère épargnée ; plus un carreau, des éraflures partout. Devant la porte, deux petites « Ford » de l'ambulance américaine attendent des blessés qui ne tarderont pas à venir. Leurs conducteurs, de jeunes Yankees, l'air franc et sympathique, bavardent entre eux. L'un d'eux prend cliché sur cliché. On les entoure. Contre le mur, un brancard bruni de sang dresse ses bras. Dans le poste, un pupitre encombré d'illustrés barre la pièce. Au fond, la chaire où trône un scribe, est couverte de paperasses. A gauche, le « tableau » érige le long du mur son fouillis de fils. A droite, un bat-flanc improvisé, empli de paille, sert de litière aux téléphonistes. Le mur disparaît sous les esquisses et les caricatures de deux peintres qui sont passés par là. Dans la petite cour, des Lebels[1] et des sacs, couleur d'ocre jaune, sont alignés ; un poilu, assis dans un coin, fourbit consciencieusement sa baïonnette.

Nos batteries tirent toujours, tout près, maintenant, dans la forêt. Nous partons. A main droite, nous prenons le sentier qui va nous mener en quelques minutes, au fameux bois, dont les épaisses frondaisons couronnent la côte que nous gravissons. Beaucoup de trous d'obus. A gauche, le cimetière des soldats : il y en a, des tombes ! Celles des nôtres, ornées de couronnes et de fleurs. Celles des autres, peu nombreuses, groupées à part, simplement marquées d'une croix de bois, sans inscription. A côté, gisent, sous un abri de feuillage, les morts qu'on n'a pas encore eu le temps d'ensevelir. Cela sent le cadavre et le formol. Par le sentier bordé de haies, nous montons ; les jardins sont riants. Des hirondelles volent en rasant le sol. Nous croisons des fantassins, les lunettes relevées sur la visière du képi bleu pâle : nouvel accessoire rendu nécessaire par l'emploi des gaz. Les fils téléphoniques s'enchevêtrent, hâtivement fixés à des perches légères. Voici l'orée du bois ; à droite du chemin, sur la côte, des brancardiers, terrés dans un abri ; une vingtaine de civières, montées sur deux roues, attendent les blessés que l'on descendra à Montauville. A droite, Pont-à-Mousson,

---

[1] [fusil de l'armée française]

la Moselle, la côte de Mousson et le signal de Xon et, plus loin, Sainte-Geneviève. Nous allons vers les lignes, par le chemin de la croix des Carmes. Les taillis ont été coupés ; le sol, rocailleux, est nu, jonché de débris. Beaucoup d'arbres sont éraflés, fendus, coupés par les marmites.

Derrière, à intervalles espacés, nos pièces tirent toujours. Les 75 filent vers le Boche avec un bruissement bref de soie déchirée ; les autres, plus gros, avec un chuchotement saccadé. Au bord du sentier, dans une espèce de fosse, somnolent quelques chevaux d'artillerie. Les conducteurs et les avant-trains se terrent, en face, de l'autre côté. Plus loin, des abris de fantassins, fossés couverts de branchages, pleins d'armes et d'équipements boueux ; puis un terrier où des crapouillots[1] sont alignés, sous la garde d'un artilleur. Voici les Boches qui répondent ; quelques marmites s'écrasent vers les tranchées…

C'est l'heure où descendent du Bois-Le-Prêtre les territoriaux qui travaillent à la deuxième position. Avec eux, nous marchons vers Pont-à-Mousson. Nous traversons Maidières, qui n'a pas trop souffert, puis la voie de chemin de fer de Metz, dont les rails, rougis par la rouille, sont coupés un peu plus loin. Du passage à niveau, on aperçoit, à gauche, la côte de Norroy. Nous voici en ville. La rue qui mène à la place est bordée de villas que le bombardement semble avoir épargnées. Guère de civils, dehors. La grande place, triangulaire, avec ses vieilles arcades, est presque déserte : devant l'épicerie proche de l'hôtel de ville, on a édifié, entre les colonnes, avec des caisses et des sacs de terre, une espèce de pare-éclats. Murs balafrés ; toits effondrés. Voici pourtant, intacte, une jolie façade Renaissance ! Avant d'arriver au pont, nous découvrons une pâtisserie ! Plus de vitres, à la devanture, dont la boiserie retient encore un éclat d'un obus qui a éventré, ces jours derniers, la maison d'en face. Mais il y a des gâteaux, et ils sont excellents, et nous le faisons bien voir à la brave pâtissière…

---

[1] [petit mortier]

Encore deux maisons béantes, aux toits crevés, aux murs éclaboussés, noircis par les explosions, et voici, gardé par une sentinelle, le vieux pont de pierre dont la première arche, que l'on a fait sauter, est remplacée par une passerelle de bois. Il est exposé aux vues des Boches. Aussi est-il défendu de passer plus de deux à la fois. Du côté du front, le parapet a été renforcé par un épaulement de gabions et de sacs de terre. Le pont franchi, nous traversons le faubourg de la rive droite. Les rues que nous coupons, prises d'enfilade, ont beaucoup souffert : par l'échappée de chacune d'elles apparaît, à gauche, la menaçante crête de Norroy. La dernière masure dépassée, le chemin s'encaisse. En face de nous, la côte de Mousson. A droite, les vestiges d'une bâtisse compromettante que l'on a dû faire sauter, puis le mur du cimetière, tout crevé de larges brèches par où apparaissent les tombes bouleversées. Le sol est labouré, fouillé par les explosions, jonché d'éclats d'obus. Squelettiques, les arbres du champ de repos se dressent, décapités, amputés de leurs branches, déchiquetés et comme effilochés par la mitraille.

Du côté du Boche, le déblai n'étant pas assez haut, une bande de toile verte, tendue sur quelques perches, tient lieu de haie et dissimule, tant bien que mal, le chemin creux. Puis, tout de suite, le talus remonte et, taillée dans la glaise, une batterie : séparées par des épaulements sous lesquels sont creusés des abris de combat où l'on n'accède qu'à genoux, 4 pièces de 95 pointées, prêtes à tirer : pour ne pas perdre de temps, les servants ont posé la charge sur le tonnerre. Ce sont de vieux canons. Pour les rendre un peu moins visibles, on les a barbouillés de vert et de brun. Chacun d'eux porte un prénom féminin grossièrement peint sur sa volée. A leur poste, les servants de garde, couverts de longues blouses peintes des mêmes couleurs que leurs pièces ne parlent guère et paraissent graves. Cette batterie du 6ème régiment est à l'effectif d'environ 60 hommes : depuis le premier jour de l'an, 73 ont été tués, entre cet épaulement de glaise et ce mur de cimetière. Dès quelle ouvre le feu, les Boches y concentrent leur tir et c'est une avalanche effroyable de 77 et de 105 fusants, de 150, de 210 à retard, qui fouillent les abris, ensevelissent et asphyxient leurs occupants.

Pourtant, il faut qu'elle reste là : elle gêne beaucoup l'ennemi, paraît-il…

Le vent s'est assoupi ; dans le ciel nuageux, les « saucisses » boches et françaises tirent sur leur câble, comme des navires au mouillage. Des deux côtés, le canon s'est remis à tonner.

<u>20 Juillet 1915</u>

Nos premiers permissionnaires partent ce soir : ce sont les hommes de la classe 1901 ayant le plus d'enfants. Mon tour viendra peut-être…

Au crépuscule, les vallons étroits et sinueux, rayés de longues bandes de blé roux, de luzerne vert sombre, d'avoine gris vert pâle, bordés de sombres pins que voile, au loin, une vapeur bleue, le ciel clair nuancé de vert, aux teintes merveilleusement dégradées, forment des tableaux harmonieux et mélancoliques, que varie à l'infini le jour déclinant.

<u>4 Août 1915</u>

Quel malheur que le matériel nous manque ; nous perdons une occasion unique d'attaquer l'ennemi, dont la majeure partie des forces est tournée contre les Russes. Et je n'attends pas sans inquiétude le moment où les Boches, après s'être solidement retranchés en Russie, pourront diriger contre nous leur poussée, soutenue par une artillerie lourde incomparable par le nombre et la puissance…

Les calottes d'acier qu'on a données aux fantassins font la joie des cuisiniers : en les fixant à une baguette de bois, ils en font des louches !

<u>Batterie du Bois Brûlé, 7 Août 1915</u>

H… m'a présenté, hier, un sous-officier du Train, marchand de tableaux de son état et actuellement embusqué dans un état-major. Après deux minutes d'entretien, ce jeune homme très chic avait trouvé le moyen de me faire savoir qu'il avait un oncle propriétaire de onze maisons et ancien Ministre plénipotentiaire. Faut-il être crétin ! Ensuite, il nous a raconté, non sans prétention, une aventure fantastique qu'il disait lui être advenue dans le Nord, mais qu'il avait dû lire, j'imagine, dans les contes du Journal. Quel vilain petit spécimen, et dire qu'il y en a tant, comme cela, et incorrigibles !

[R. Banet-Rivet est 3ème à partir de la droite]

DANS L'AISNE

<u>17 Août 1915</u>

Le train qui nous emporte cahin-caha vient de s'arrêter, pour un instant, dans une petite ville de la Haute-Marne. On dit que nous allons vers Arras. Il y a, avec nous, des batteries d'un autre régiment et de l'artillerie coloniale.

Remarqué en passant, à Saint-Dizier, une grande usine métallurgique, avec un groupe de hauts-fourneaux qui ne donnait aucun signe de vie.

Croisé, dans une gare, un train sanitaire organisé, autant qu'il m'en souvient, par le Syndicat de la Presse. Il y avait quelques blessés dans les couchettes. A peine ce convoi s'était-il arrêté que, du fourgon, descendit une jeune infirmière, d'une blancheur immaculée, sanglée, autant qu'il m'apparut, dans un corset qui devait lui descendre jusqu'aux genoux, juchée sur des talons Louis XV d'une hauteur invraisemblable et qui devaient singulièrement compromettre son équilibre si elle était appelée, d'aventure, à soigner quelque pauvre homme en cours de route. Cette poupée tenait en laisse un minuscule toutou et le promenait gravement, de long en large, afin qu'il pût satisfaire aisément ses besoins. J'ai trouvé cela grotesque et pénible.

En dépit de toutes les inepties qu'ont inspirées aux journalistes nos « exquises infirmières », je pense que nos pauvres blessés, aigris par la misère et la souffrance, aimeraient mieux être soignés par des jeunes femmes un peu moins apprêtées, dont la recherche affectée contrastât moins avec leur propre dénuement !

18 Août 1915

En gare de Meaux. Décidément, c'est aux environs de Reims que nous allons… On débarque à Jonchery.

Ventelay, 19 Août 1915

Nous cantonnons au village, à deux lieues des lignes. Le secteur est calme. Nous avons parcouru ces petites étapes chargés comme des mulets, ce qui a excité l'admiration d'officiers d'infanterie, qui s'imaginaient, sans doute, que nous venions de faire dix lieues !

24 Août 1915

Neuf heures par jour, nous abattons des pins, pour faire des abris à nos camarades montés aux batteries. De la côte voisine, bord du vaste plateau accidenté où niche Ventelay, on domine la vallée de l'Aisne. On y découvre admirablement les positions françaises et allemandes, les tranchées dessinant dans le sol crayeux des lignes blanches visibles de très loin. Eh bien, ce n'est guère encourageant ! Et l'on comprend peut-être un peu mieux pourquoi l'on y regarde à deux fois avant d'attaquer : presque partout, partout, peut-être, les Boches occupent le sommet des hauteurs de la rive droite. Ici, plus qu'en Lorraine, cela fait une pénible impression de les voir ainsi implantés chez nous, en plein cœur du pays. Nos lignes sont à mi-côte et notre artillerie se cache dans les bois, au fond de la vallée. C'est probablement là que nous allons nous établir. Nous faisons partie de l'Armée Franchet d'Esperey.

25 Août 1915

Nous coupons toujours du bois. Chaque nuit, les camions automobiles défilent interminablement sur la route et font trembler le mur de notre grange.

<u>1ᵉʳ Septembre 1915</u>

Depuis quelques jours, des avions boches font, au-dessus de nous, de fréquentes reconnaissances, que ne parviennent pas à empêcher des canonnades nourries. On prépare une attaque, pour dans deux ou trois semaines. Il se fait un mouvement extraordinaire de troupes et de matériel de toute sorte.

<u>7 Septembre, 7 h du soir</u>

Il est nuit. J'écris sur ma paille, à la lueur d'une bougie posée sur un piquet de tente fiché entre les pierres du mur. Une longue file de camions américains chargés d'obus de gros calibre vient de passer, montant vers les lignes. La 24ᵉᵐᵉ batterie part ce soir pour les positions. Au fond, nous en avons tous assez, de couper du bois !

<u>12 Septembre 1915</u>

Depuis ce matin, j'assure la liaison avec le commandement de l'artillerie lourde, établi à Roucy, pittoresque village que domine un blanc château. Me voilà plus libre. La route de Ventelay à Roucy franchit une crête d'où l'on découvre les positions.

… On <u>voit</u>, maintenant, les résultats de l'effort accompli de notre côté. Ces énormes tracteurs, remorquant des pièces de gros calibre, donnent, le soir surtout, dans la pénombre, une impression de puissance colossale.

En tous sens, des poteaux chargés de lignes téléphoniques jalonnent la campagne. Dans un ravin gît une énorme « saucisse » jaune, dissimulée dans la ramure de grands sapins ; le treuil à vapeur, les autos chargées de tubes d'hydrogène stationnent alentour. Ailleurs, ce sont des tronçons de la route où des sentiers que dissimulent, aux regards de l'ennemi, des haies artificielles de sapins morts, aux aiguilles roussies. Les côtes les plus élevées sont bossuées d'observatoires, taupinières percées d'une mince visière, par où l'on observe le tir de nos batteries.

<u>17 Septembre 1915</u>

Le ciel est gris et le temps lourd. Le matin, la campagne disparaît sous la brume qui fait taire les canons. Le feuillage des grands arbres du parc où se dressent les murs blanchis du château de Roucy, s'est coloré de teintes automnales, que chaque jour accentue. Au pied des collines sur lesquelles serpente la route, la plaine s'étend, vers l'Est, à perte de vue, déserte, semée de petits bois aux formes géométriques où se cachent les batteries allemandes, coupée par la longue ligne blanche et sinueuse des tranchées qui, par endroits, se ramifient en multiples boyaux. A chaque instant, surgissent de là des panaches de fumée, suivis bientôt d'une détonation qu'assourdit la distance : des marmites ou des mines. La fumée monte lentement, très haut ; puis le vent la détache du sol et l'emporte…

Nous attendons les ordres dans le jardin rustique et vieillot de la maison où s'est établi le commandement de l'artillerie. Il y a, au milieu de la pelouse, un petit bassin d'eau claire, et, tout alentour, des rosiers, des plantes grasses, des roseaux qui balancent à la brise leurs plumets argentés, et beaucoup de jolies fleurs modestes dont j'ignore les noms. Une petite chatte maladive me quémande des caresses. On attend, dans ce jardin, pendant des heures, qui tintent à l'horloge de la petite église romane, surmontée d'une massive tour carrée, encore respectée des obus. Le parc, dont les arbres touffus, s'étagent jusqu'au pied du château, domine ce lieu de paix. La maîtresse du logis, femme d'âge respectable, au long nez surmonté d'un front que paraissent avoir épargné les orages de la vie, aux cheveux gris soigneusement lissés, surveille les travaux d'une servante chétive, perdue dans une ample jupe taillée pour une autre. Entend-on un sifflement suspect, cette vénérable personne, si elle se trouve dehors, se retire sans hâte sur le seuil de sa porte, comme le bonhomme des hygromètres rentre dans sa cabane, lorsque l'humidité tend le crin qui l'attache.

<u>22 Septembre 1915</u>

Le bruit s'est répandu ce soir, dans Roucy, que ce qui restait de civils allait être évacué. Un instant après, le tambour du village confirmait la mauvaise nouvelle… Et la Bonne dame que ni le flux, ni le reflux des Boches n'avaient, voici un an, arrachée de sa vieille demeure, en fut consternée. Pourtant, aidée de sa servante, elle entreprit ses préparatifs de départ. Aucun souffle n'agitait les plumets des roseaux ; le volubilis semblait enlacer plus étroitement le tronc noueux de l'arbre mort ; et le vieux petit jardin, lui-aussi, avait l'air consterné.

<u>23 Septembre 1915</u>

Ce matin, ne voyant pas la petite chatte, je me suis informé d'elle : la bonne l'avait tuée pour « qu'elle ne souffre pas de la faim et soit plus tôt débarrassée ». Ne sachant où se réfugier, la vieille dame se désolait ; près d'elle se tenait sa grosse chienne blanche tachetée, aux yeux doux. Elle ne pouvait, me dit-elle, se résoudre à abandonner Diane, qu'aimait son défunt mari et que lui avait tant recommandée son fils, avant de partir pour l'Armée. Alors, j'entendis un soldat, qui venait d'entrer et, sans doute ne soupçonnait pas la présence de l'hôtesse, dire très haut, en contemplant avec satisfaction la treille chargée de raisins mûrs : « Alors, demain, c'est nous qui seront les propriétaires ici. Quelle belle vendange nous allons faire ! »…

En hâte, les commerçants du village liquidaient leurs marchandises ; et l'on ne voyait que soldats chargés de paquets, de bouteilles, de lapins ; j'aperçus même un cycliste qui filait, tout bourrelé de musettes pleines avec, sur le dos, une poule qui caquetait…

Le temps est lourd et le ciel voilé. Comme la journée est calme ! Tandis que je rentrais à Ventelay par les bois, un avion boche fut pris à partie par nos pièces. Je passais juste devant elles ; et leurs claquements brutaux, multipliés par les échos, se répercutaient au loin dans les ravins boisés, les envahissant comme une grondante marée, aussitôt apaisée.

Pourtant, on a l'impression que ce calme est gros de menaces. C'est celui d'une mer de plomb, quand un grain point à l'horizon.

<u>Roucy, 23 Septembre 1915</u>

Dans le petit jardin, nous attendions les ordres en causant. Au loin, le bruit d'un départ ; un bref sifflement qui croît. Instinctivement, nous nous sommes baissés. L'obus a éclaté dans les champs, un peu plus loin… Ils en ont envoyé une dizaine, à quelques minutes d'intervalle. Il en est tombé un sur la boucherie, dont il ne reste que les murs. En face, devant la maison où loge le « Groupe des canevas de tir », et dont à présent le mur blanc est tout meurtri d'éraflures et les fenêtres sont sans vitres, un conducteur d'auto qui attendait, sur son siège, a été tué par les éclats. Il y a eu quelques blessés.

<u>24 Septembre 1915</u>

Ce matin, de grosses nuées traînaient dans le ciel gris. Sur le plateau de Craonne, la fumée des obus montait jusqu'à elles. De toute part, les canons commencent à tonner. De lourdes fumées rampent sur les tranchées, s'élèvent au-dessus des bois, s'accrochant aux arbres.

<u>29 Septembre 1915</u>

Du moulin de Roucy, où je monte chaque jour, on découvre toute la vallée, parsemée de rares villages, morne comme un désert : pas un être humain. Cela fait penser aux « Pays Muets » de Vigny. De l'autre côté, se dressent des côtes boisées que voilent, par instant, des nuages blancs échevelés par le vent et dont les lambeaux se confondent avec la fumée des obus.

… Chaque matin, en arrivant aux carrières, nous assistons au petit déjeuner des officiers. Ensuite nous sommes admis à humer le fumet de leur cuisine, que nous imaginons délicieuse !

<u>6 Octobre 1915</u>

L'attaque a eu lieu plus à l'Est.

Il fait moins froid. Le matin, les fonds disparaissent sous un brouillard opaque d'où émergent, çà et là, comme des ilots, les crêtes boisées sur lesquelles s'allonge le Chemin des Dames.

<u>12 Octobre 1915</u>

L'offensive de Champagne restera sans lendemain. Si l'on considère l'excellent moral des troupes - du moins il y a quelques jours - et les bons résultats obtenus dès le premier assaut, cet arrêt des opérations ne peut être attribué qu'à une cause, toujours la même : le manque de munitions pour l'artillerie lourde. Le Gouvernement en est seul responsable : il est, à coup sûr, plus difficile d'organiser en pleine guerre, la production industrielle, que de pourchasser des religieuses et des bons pères !…

Le ciel est pur. Une légère brise fait tressaillir les feuilles jaunies. Elles tombent une à une sur le tapis de mousse et de lierre qui couvre la terre. Dans ce petit bois, il y a des hêtres, des chênes, des peupliers et quelques pins. Il est peuplé de pies, de faisans et d'écureuils qui, trompés par mon immobilité, viennent parfois tout près de moi. Pour connaître les bêtes, il faut être silencieux.

<u>Ferme du Verpignon, 17 Octobre 1915</u>

Triste journée de brouillard. Je me suis réfugié, pour écrire, au pied d'un des saules qui bordent un ruisseau d'eau trouble. Paysage d'automne, vert, roux et or. Depuis hier, nous habitons une vieille ferme. Le passage de nombreux troupiers en a rendu l'aspect peu avenant. Ma pièce est entassée dans une étable obscure. Nos têtes touchent le plafond, aux poutres tapissées de toiles d'araignées. Nous sommes tellement serrés que nous n'avons pas encore pu défaire nos sacs ; en somme, aussi mal qu'on peut l'être dans un cantonnement.

<u>19 Octobre 1915</u>

Ciel uniformément gris. On n'entend que le bruit léger de la chute des feuilles, le croassement de quelques corbeaux.

Il y a, près d'ici, un petit parc d'aviation. J'ai approché plusieurs fois les pilotes. Certains (Navarre entre autres) tiennent des propos qui ne leur font guère honneur : acrobates avides de sensations rares…

Nous nous sommes un peu organisés dans notre étable. Du moins, nous n'y souffrirons pas du froid et nous avons de l'eau à discrétion. C'est une écurie carrée. Au milieu, un cercle de pierre - soubassement d'une ancienne meule, sans doute - me rappelle le décor de Samson et Dalila. Tout autour, nous avons installé des claies en pente, couvertes de paille, sur lesquelles nous couchons. La nuit, les rats mènent grand tapage : alors, on allume une bougie et on déchaîne Pompon, petit fox noir et blanc qui dort dans les bras de son maître et ne sort, depuis qu'il fait froid, que vêtu d'une peau de lapin. Pompon pousse quelques charges vigoureuses, fourre son museau dans les moindres trous, et tout rentre dans le silence.

<u>22 Octobre 1915</u>

Il y a, dans le village de Ventelay, un gros marronnier encore touffu, dont les feuilles jaunissent à peine. Une multitude d'oiseaux l'habite et c'est, le matin, dans le feuillage, un étourdissant concert, comme si l'âme du vieil arbre s'exhalait par la voix de ce petit peuple ailé.

<u>25 Octobre 1915</u>

De grandes bandes de corbeaux parcourent le ciel en croassant. J'ai vu aussi des vols de grues, débandés par la fusillade essuyée au passage des lignes.

… Le colonel B… qui commande l'artillerie lourde du secteur, est un heureux ivrogne. Un régiment de bouteilles vides témoigne de sa capacité !

Notre commandant de batterie sort du rang. C'est un colonial ; il boit comme un Polonais et passe pour ne rien entendre à son affaire.

Le lieutenant en second, un territorial, M. Mouvel, petit propriétaire lorrain, est peu intelligent, nul en artillerie. Mais il est franc-maçon, ce qui tient lieu de tout !

Quant aux sous-offs, des calicots[1], des paysans, un domestique, plus habitués à obéir qu'à commander et, pour la plupart, ne connaissant pas le premier mot de leur métier. Leurs hommes n'ont guère confiance en eux ; et ils ne leur pardonnent pas de faire popote à part, aux frais de l'ordinaire.

<u>9 Novembre 1915</u>

Me voilà sur un brancard, dans la vieille petite église de Romain, transformée en ambulance. Le confessionnal sert d'armoire à provisions et l'on mange sur les fonds baptismaux !

<u>13 Novembre 1915</u>

A l'ambulance de Fismes. Nous avons de bons lits, dans une jolie chambre à deux grandes fenêtres s'ouvrant sur la campagne. Les infirmières anglaises sont d'un dévouement parfait.

<u>19 Novembre 1915</u>

Il me faudra quelque temps pour me remettre d'aplomb. Mais, comme il me répugne de tirer sur la ficelle, je ne ferai sans doute pas long feu dans les maisons hospitalières ! Je ne suis point fâché de ce

---

[1] [Dict. Littré : Populairement et par dénigrement, commis chez les marchands de drap, de bonneterie, de nouveautés…]

séjour à l'ambulance, non pas tant pour la satisfaction de reposer dans un lit, dans une chambre close et propre, que pour le plaisir d'avoir vu à l'œuvre ces fameux embusqués, le petit avocat devenu frotteur, le voyou qu'une tare physique a dévoué aux malades !

<u>Ferme du Verpignon, 6 Décembre 1915</u>

Arrivé hier au soir à Jonchery. Rejoint le cantonnement ce matin. Je reprends, avec Bonnin, mon service de liaison.

<u>8 Décembre 1915</u>

Il y a une boue affreuse. Les bas-fonds sont transformés en étangs. La nuit passée, le vent soufflait en ouragan ; il pleuvait à torrents.

Décidément, nous sommes très bien dans notre grange : mes camarades l'ont plafonnée avec des toiles et des branchages ; d'une marmite sans fond, ils ont fait un poêle. Nous avons même « touché » des toiles de paillasses !

<u>10 Décembre 1915</u>

Il neige depuis ce matin ; la campagne est déjà blanche…

Rien ne laisse entrevoir la fin de ces tristesses. Je ne vois guère de raisons pour que l'Allemagne soit épuisée avant nous. Pourtant, un pareil état de choses ne peut durer indéfiniment. Si les offensives que nous tenterons, sans doute, au printemps, échouent comme les précédentes, il faudra donc bien songer à la paix. La question du marché mondial, que se disputent avec férocité l'Angleterre et l'Allemagne, ne nous intéresse, en définitive, que très secondairement…

<u>18 Décembre 1915</u>

Ce matin, brume épaisse et froide où s'estompaient les vols de corbeaux et de corneilles.

Chaque matin, je croise des groupes de permissionnaires qui s'en retournent vers les tranchées, mornes et las… Ce retour, auquel je voudrais ne point songer !

<u>22 Décembre 1915</u>

Quelle floraison d'articles de presse creux ou, ce qui est pire, bourrés de mensonges, en particulier sur la mentalité des combattants qu'en dépit de leurs prétentions, Messieurs les journalistes, qui n'ont jamais quitté le boulevard, ignorent complètement. Il est sans doute commode, comme le fait Bonnefon, de nous comparer à des Capucins, à des religieux cloîtrés, et de tirer de là toute sorte de conclusions… Mais c'est, à mon humble avis, complètement idiot : le soldat ne rêve pas d'un monde ni d'une société meilleurs, mais d'une femme et d'une bonne soupe avec des choux et du lard dedans ! Il se fout que l'on tripote à l'arrière : n'y était-il pas habitué dès le temps de paix ? Et s'il reste dans la tranchée, c'est parce que son chef le lui commande et qu'il sait bien qu'à l'arrière, il y a les gendarmes, et le Conseil de Guerre. Et si, en général, il se bat bien, c'est parce qu'il est brave. Et voilà tout !

<u>Bois de Gernicourt, 25 Décembre 1915</u>

Monté aux positions la nuit dernière, sous une pluie battante, par la route de Cormicy, qu'éclairaient seules, par instants, les lueurs vacillantes des fusées qui montaient des lignes. On s'est perdus dans les boyaux, où l'on enfonce jusqu'aux chevilles dans la boue crayeuse. Arrivés à la batterie, averse torrentielle. On s'est disputé les abris. Dans le nôtre, l'eau ruisselait. Nous nous sommes préservés tant bien que mal, avec nos toiles de tente. Vers l'heure du Réveillon, en grand désarroi, on nous a distribué « la soupe » : des pommes de terre cuites à l'eau, que j'ai mises dans mon casque.

<u>28 Décembre 1915</u>

Nous avons quatre pièces de 155 court. A quatre, nous sommes terrés dans un petit abri, où nous ne souffrirons pas du froid, grâce à une cheminée qui tire assez bien.

<u>22 Janvier 1916</u>

Le train est parti de Paris à deux heures et arrivé à huit. J'ai rejoint la cagna vers onze heures. La nuit était claire, bien que la lune fût voilée… Pourquoi faut-il souffrir ainsi ?

<u>23 Janvier 1916</u>

Ce matin, par brume épaisse, je suis allé à un poste d'écoute. J'ai vu des hommes qui sont aux tranchées depuis plus de cinquante jours, durant lesquels ils n'ont vu que leurs trous et le ciel : ils ont bonne mine, ils ne paraissent pas s'ennuyer. On a l'impression qu'ils resteraient là dix ans sans se plaindre, que tout ce qui peut se passer ailleurs leur est devenu indifférent !

Hier, le bombardement prévu a eu lieu. Toutes les batteries tiraient à la fois. Il paraît que le but a été atteint. Mais un des 155 long qui font tant de bruit, derrière nous, a éclaté. C'est miracle qu'il n'y ait eu ni tués ni blessés. Trois arbres ont été coupés. Les Allemands ont à peine répondu ; sans doute comprennent-ils la vanité de ces démonstrations.

<u>24 Janvier 1916</u>

Mes camarades boivent ignoblement : voilà le secret de leur patience ! En les gavant et saoulant à satiété, <u>ils tiendraient</u> pendant vingt ans !
Kitchener[1] a raison.

---

[1] [Field Marshal, Secretary of State for War, Great-Britain, 1914–1916]

Tout est calme. Hier, journée splendide. Les « taubes »[1] en ont profité pour naviguer un peu partout, non sans se faire copieusement canonner.

27 Janvier 1916

Ciel nuageux ; soleil blanc. Sur la grande clairière, des artilleurs jouent au football. Avec les collines qui bordent l'horizon, on croirait la pelouse de Bagatelle, un dimanche soir ! Mais les 75 tiraillent sans cesse.

29 Janvier 1916

Le temps est doux et pâle le soleil. Hier, nous avons bombardé la cote 108 et Sapigneul. Il y avait du brouillard.

Le tir des canons de tranchée et des 75 devait commencer à 3 h. Jusque là, calme absolu. De la colline, on distinguait les objectifs. Lourd silence. Un essaim de moucherons dansant au-dessus d'un arbuste, voilà tout ce que je percevais devant moi de vivant. A 3 h précises, les premières salves ont mis en fuite des oiseaux dans la plaine, fait jaillir des positions allemandes les premiers panaches de fumée. Puis, toutes les pièces sont entrées en action. Les points où se concentrait leur feu ont disparu sous d'opaques et lourds nuages blancs, que perçaient des flammes et des jets de fumée noire. Au bruit de la canonnade se mêlait, amplifié par les échos, le concert des obus, ronflant, sifflant et miaulant. Une demi-heure après, le silence et la brume régnaient de nouveau.

---

[1] [Avion de reconnaissance allemand]

<u>1er Février 1916</u>

Toujours le même ciel gris, une température presque douce. On n'entend rien, aujourd'hui, que quelques coups de canon isolés et lointains. Parfois, dans les clairières et les champs incultes, on voit, seuls ou par deux, des soldats, qui semblent chercher un objet perdu : ce sont des cueilleurs de pissenlit.

<u>5 Février 1916</u>

Journée de soleil, soleil encore pâle, mais dont les rayons, déjà tièdes, font s'exhaler des bois des senteurs de printemps. Le ciel, que parcourent lentement de gros nuages blancs au ventre ombré de gris, est d'un bleu profond, qui va pâlissant vers l'horizon. Je maudis les coups de canon qui, dans ce moment, rompent brutalement le charme de cette douce après-midi sur son déclin.

… De la cote 180, la pureté de l'air permettait de découvrir, à perte de vue, coupée de bois et semée de blancs villages, la grande plaine fauve qu'interdit une infranchissable barrière. Il m'a paru que ce serait une singulière jouissance de pouvoir, l'ennemi vaincu, parcourir ces pays, plus jalousement gardés que le Jardin des Hespérides.

<u>14 Février 1916</u>

Ce matin, vers 5 heures, la canonnade m'a éveillé. Les 75 tiraient sans répit, les grosses pièces, par intervalles. Le ciel, où un grand vent poussait des nuages sombres, commençait à blêmir. Et de tous côtés, dans le bois, fulguraient les lueurs pâles des « départs », suivies d'une détonation sèche qu'accompagnait le souffle de l'obus…

<u>17 Février 1916</u>

Par ce temps de grains et d'orage, le ciel et la campagne présentent de bien jolis aspects : côtes ensoleillées, sur des fonds bleus et gris ardoise, gros nuages sombres, frangés de lumière, grandes échappées de ciel bleu, qui donnent envie d'en voir davantage.

<u>18 Février 1916</u>

Violent bombardement par torpilles d'une partie des tranchées allemandes du « Bois-entaillé ». A chaque éclatement, on voit - en une seconde à peine - jaillir du sol, accompagnée de flamme, une gerbe de poussière mêlée de débris de terre, en même temps que s'élève une épaisse fumée blanche qui s'épanouit, d'abord, en panache, puis, s'inclinant sous la poussée du vent, revêt des formes variées avant de s'écheveler et de disparaître.

<u>20 Février 1916</u>

Lorsque, d'une hauteur, on considère, à quelques kilomètres, la ligne du front, dessinée par le réseau des tranchées, qui semblent, en comparaison de la grande étendue de pays découverte, à peine aussi larges et profondes qu'une trace de mulot dans un vaste champ, un double étonnement vous saisit. On est surpris, tout d'abord, que ces étroits fossés aient suffi pour arrêter, depuis des mois, l'effort répété de formidables masses d'hommes pourvues des machines de guerre les plus puissantes. Puis, à mieux considérer cet enchevêtrement de boyaux et de tranchées qui, tantôt se détachent en blanc sur la plaine ou sur le flanc des coteaux, tantôt se dissimulent dans les bois ou disparaissent sous les flots de l'Aisne débordée, et où un œil exercé ne discerne qu'avec peine, à moins d'un quart de lieue, ce qui est à nous de ce que tient l'ennemi, on vient à s'étonner encore davantage que l'artillerie parvienne à diriger ses coups avec assez de sûreté pour ne pas frapper indistinctement amis et ennemis. On saisit mieux, alors, l'importance du rôle des observateurs, la nécessité d'une liaison parfaite entre artilleurs et fantassins !

<u>22 Février 1916</u>

A l'observatoire de Saint-Rigobert, qui domine les tranchées allemandes, à moins d'un kilomètre. Sur la grande route 44, bouleversée, par les obus et dont on n'aperçoit presque plus la trace, un autobus parisien est resté en panne à la bataille de la Marne : il y est encore, presqu'intact en apparence, gisant entre les lignes.

<u>25 Février 1916</u>

Bien des changements en peu de temps ! Avant-hier soir, une partie de mes camarades, parmi lesquels Cl… et deux autres du Lièvre Borgne (c'est le nom tiré d'une histoire de braconnage, dont nous avions baptisé notre cagna), ont été désignés pour une autre batterie. Non sans un serrement de cœur, il m'a fallu abandonner ce petit abri, où nous étions chez nous, pour aller m'enfouir à plus de 5 mètres sous terre, dans une sape où nous sommes entassés. Une source y a transformé, depuis les dernières pluies, le passage central en ruisseau. C'est payer cher notre sûreté.

Depuis quatre jours, on entend le roulement ininterrompu et lointain d'une formidable canonnade : écho de la bataille de Verdun, qui n'est guère à plus de 25 lieues d'ici. Si, comme je le crois, les Allemands ne parviennent pas à rompre le front, ce sera pour eux un terrible échec.

Il fait froid. Une neige glacée tombe à plein temps. La nuit dernière, j'étais de garde : cela consiste, toutes les 4 heures, à se promener en compagnie des souris, durant 2 heures, dans les boyaux couverts qui relient les pièces - sans parvenir à s'expliquer l'utilité de cette veillée…

<u>27 Février 1916</u>

Au poste téléphonique de notre observatoire de la tranchée du Coude. Il neigeait, tout à l'heure. L'eau a envahi, en plusieurs points, les boyaux. A moins de se mouiller, il faut passer à découvert. Avec un sous-officier, je suis allé reconnaître les postes d'observation. De certains, on voit la tranchée allemande, à une soixantaine de mètres : les barbelés, avec leurs piquets de bois, puis la bordure crayeuse de l'épaulement. C'est ici que nous réglons notre tir sur la première ligne… Avec un bruissement trépidant de toile déchirée, des 77 passent. J'entends leur détonation sèche un peu plus loin. Par intervalles, claquent des coups de fusil, et l'on entend siffler les balles.

Pour venir ici, on traverse Gernicourt, dont il ne reste guère que des pans de murs - puis, sur une passerelle, jetée par le Génie en contrebas du pont de fer, troué par les obus, le canal, sillonné par des vedettes automobiles qui transportent les blessés. Puis, sur un pont de tonneaux, l'Aisne en crue. On voit, à gauche, dans les prés, près de la berge basse, la ferme isolée de La Pêcherie. La rivière franchie, on va, par des boyaux où les pieds collent à la craie délayée, jusqu'à la Miette, ruisseau tortueux, bordé de peupliers décapités par la mitraille, et de tombes de soldats, en ce moment noyées, dont seules émergent les croix de bois.

On la traverse vite, sur une légère passerelle, où de loqueteuses bandes de toile bise flottant au vent vous cachent aux Boches qui, par intervalles, fusillent l'endroit. Puis, par de longs boyaux inondés, où flottent les caillebottis, et dans le dédale desquels on se perd, en dépit d'écriteaux multiples, on gagne la première ligne.

<u>10 Mars 1916</u>

Nous nous sommes éveillés, ce matin, sous un épais manteau de neige, au bruit du bombardement de nos tranchées. Vers midi, les obus ont commencé à tomber autour de nous. Pour la première fois, nous avons tiré. Les Boches ont répondu. On s'est réfugiés dans les abris, jusqu'à ce que l'ordre eût été donné de tirer à nouveau. A chaque coup, la « Joconde » - c'est le nom de notre pièce - bondissait à plus de 2 mètres en arrière, en nous éclaboussant de boue. On la rattrapait au vol, pour la remettre plus vite en batterie.

Tranchée du Condé
Mercredi des Cendres, 1916

12 Mars 1916

Toute la nuit, de 7 h 1/2 du soir à 7 h du matin, nous avons charrié, chargé et déchargé de lourds wagons de munitions. Il y a des côtes et, par cette boue, c'est une besogne de forçats…

15 Mars 1916

Il fait beau et chaud. Derrière nous, les batteries longues font un vacarme infernal…

On nous a prévenus charitablement que certaines conserves d'Amérique contenaient des hameçons - délicate attention !

19 Mars 1916

Les soirées sont douces, au clair de lune, dans notre bois clairsemé de peupliers et de jeunes bouleaux, hélas presque tous ébranchés ou décapités par les éclats. Le calme vient avec la nuit. Seules le rompent, par intervalles, quelques salves de 75. Répercutées par les échos, suivies de ce chuchotement rapide qui s'amplifie ou décroît, au gré des accidents du terrain, jusqu'à la détonation lointaine de l'éclatement final, ces sonorités vont mourir en de singulières harmonies. Et l'on entend aussi, au loin, sur la route et, plus près, dans les chemins aux ornières profondes, le murmure de tous les convois de ravitaillement qui, sous la protection des ténèbres, montent vers l'avant. Des premières lignes vient, parfois, le claquement d'un coup de fusil, le bruit saccadé des mitrailleuses. Et, à travers le rideau transparent des arbres, on voit, par instants, s'élancer vers le ciel une petite étoile qui monte, monte, puis soudain s'épanouit et descend lentement, illuminant au loin tout à l'entour, de sa clarté pâle et tremblante.

Ce matin, nous avons fait, sur l'angle du Bois des Boches et du Bois Franco-Allemand, notre tir de réglage, qui a été très réussi.

22 Mars 1916

Nous tirons jour et nuit, à de longs intervalles. L'artillerie du secteur est renforcée ; toutes les positions sont occupées. Les Boches nous laissent à peu près tranquilles. Hier matin, pourtant, ils ont sérieusement marmité la batterie de 155 long, derrière nous, ce qui a eu pour effet d'affoler un couple de perdrix, qui courait en tous sens devant les pièces !

24 Mars 1916

Sauf les gros mortiers, tous les calibres en usage dans l'Armée sont représentés ici. Une division d'Afrique est arrivée. Pourtant, malgré de vives canonnades, le secteur semble avoir recouvré son calme de naguère.

31 Mars 1916

Le ciel est pur. Le soleil va disparaître derrière les bois, dans la plaine où viennent mourir, comme des caps, les collines violettes. On entend chanter les oiseaux ; les coups espacés des 75 ne paraissent point les troubler, ni le lent sifflement d'obus allemands qui passent, très haut, et qui vont éclater je ne sais où, vers des batteries lointaines, ni les explosions assourdies de nos petits obus, dans le ciel, autour d'un avion qui bourdonne. Maintenant, le soleil est rouge, surmonté de bandes alternées orange et mauve.

Bois de Gernicourt, 2 Avril 1916

Dans la plaine ensoleillée, j'ai rencontré les vestiges d'une de nos batteries de campagne, qui dut être bien maltraitée au moment de la Marne, sans doute. On voit l'emplacement des quatre pièces, marqué par un de ces petits rebords de terre qui, s'imaginait-on alors, devaient suffire à protéger les servants ! En plein milieu de deux de ces misérables retranchements, un entonnoir de 5m de diamètre, creusé, sans doute, par l'explosion d'un 210 ; un trou pareil en bordure d'un des deux autres. Les trois pièces et leurs servants ont dû être pulvérisés. Des débris de toute sorte, rais de roues, morceaux de métal, capotes criblées de trous, mousquetons brisés, en témoignent encore ; aussi quelques pauvres tombes anonymes, que l'on distingue à peine, à l'exception d'une - celle d'un officier, à en juger par le manteau déchiqueté qui la couvre - qu'entourent, fichées dans la terre, des douilles de 75. A quelques pas en arrière, au bord d'un autre impressionnant cratère, deux squelettes de chevaux, dont les ossements épars sont mêlés à des pièces de harnachement. Sans doute ont-ils été tués avec leurs conducteurs, au moment d'emmener les pièces en danger. Rien de triste comme ces vestiges, si anciens, déjà ! Pas un nom, pas une croix, rien…

Près de nous, des 75 tirent, lentement ; c'est amusant de voir, dans la pénombre, les longues flammes blanches jaillir, avec une vitesse folle, du front de la batterie, d'entendre ces claquements entremêlés, dont les échos font un tonnerre.

<u>4 Avril 1916</u>

Hier, par un chaud soleil, je suis allé à la Ferme Saint-Joseph, vers Reims. Les arbres fruitiers sont en fleur. J'ai traversé Cormicy, Hermonville, qui sont plus ou moins marmités. Rien de plus impressionnant que ces maisons éventrées, ces murs aux fenêtres sans vitres, criblés d'éclats : preuve palpable du danger, d'autant plus que, dans les villages, avec des hommes que l'on ne connaît point, on éprouve une sorte de honte, les uns vis-à-vis des autres, à s'aplatir quand on entend venir l'obus.

<u>6 Avril 1916</u>

Hier, j'ai quitté le grand abri enterré, où je me déplaisais fort, pour une petite cagna, au pied d'un chêne ; nous n'y sommes que deux : le cycliste et moi.

<u>12 Avril 1916</u>

Ciel morne. A la plainte du vent, dans le bois, se mêle parfois une autre, plus saccadée et plus brève : celle d'un obus qui passe et s'en va, comme à regret, meurtrir quelques pauvres arbustes.

<u>15 Avril 1916</u>

A intervalles irréguliers, les 75 expédient en face, en moins d'une minute, une centaine d'obus. Quel peut bien être l'effet de ces rafales, dont nous avons le monopole ?

<u>16 Avril 1916</u>

Le temps s'est éclairci. Les batteries en ont profité pour régler leur tir. Cela n'en finit pas.

Les Boches nous laissent assez tranquilles. Les repas sont copieux et passables, prêts à l'heure. Le soir, on fait une flambée - il n'y a qu'à ramasser le bois cassé par les obus. Puis, une fois couché, roulé dans sa couverture, on se repaît, en attendant le sommeil libérateur, des insanités quotidiennes des journaux. De temps en temps, nous nous rappelons l'un à l'autre, sans conviction, qu'une marmite pourrait bien nous ôter la peine de nous éveiller…

<u>18 Avril 1916</u>

Derniers moments de calme. Malheureusement, le temps n'est guère propice : averses et très grand vent. Les premières hirondelles sont arrivées, voici deux jours.

<u>20 Avril 1916, 8 Heures du soir</u>

Seul dans le petit abri. Un feu clair flambe dans la cheminée. Jours monotones ! Au dernier moment, tout a été contremandé, remis à plus tard. On ne sait pourquoi.

L'autre jour, un brancardier est venu ici, qui cherchait un camarade. Allure louche, parler vulgaire : c'était un huissier de Pontoise. Il s'est plaint amèrement que les lois moratoires interdissent, pour l'instant, de saisir et d'expulser les pauvres gens ; mais consolé, à l'idée que, plus tard, la guerre finie, il faudrait bien liquider tout cet arriéré de misère.

Et il supputait déjà, ce qu'il nommait le « produit forcé » de la détresse accumulée... Huissier, voilà qui conviendrait à un philanthrope millionnaire : quel meilleur poste pour découvrir la vraie misère ?

<u>26 Avril 1916</u>

L'attaque a eu lieu hier. Nous avons tiré plus de 900 coups. Les Boches ont marmité le bois. Derrière nous, une pièce de 155 court Baquet a éclaté ; les servants ont été tués... Mais le Bois des Buttes n'a pas été repris. L'infanterie n'a pas marché, trouvant insuffisante la préparation d'artillerie. Depuis, les Boches tirent sur nous. Cinq petits lapins blancs que le gros F..., le cuisinier des officiers, élevait dans une cage accrochée à un arbre, ont été tués, ce matin. Deux marmites ont encadré à ras la cagna du Chef, bouleversant tous les papiers de la batterie.

<u>4 Mai 1916</u>

La nuit tombe. Temps lourd et couvert. On n'entend rien que les voix des hommes dans les bivouacs proches et les chants timides de quelques oiseaux. Tout à l'heure, des obus tombaient près d'ici. Les éclats fauchaient des branches, qui tombaient avec des craquements de bois cassé. Pour porter la soupe de la cuisine à notre cagna, qui n'en est pas à 50 mètres, j'ai dû m'y prendre à deux fois, en m'abritant derrière les arbres.

<u>6 Mai 1916</u>

Hier au soir, sur le coup de 6 heures, pendant un orage, un de nos « captifs » a rompu son câble. Emporté par le vent, vers les lignes allemandes, il a été vivement salué à leur passage.

On raconte, à ce propos, que, parfois, nos « saucisses » montent à vide, à l'insu, bien entendu, des officiers supérieurs. Or, il advint, dit-on, que certaines, sans passager, rompirent, comme hier, leur câble et filèrent vers l'Allemagne. Naturellement, le général s'enquit du sort du « malheureux observateur » : ainsi furent imaginées ces mirobolantes descentes en parachute qui valurent à leurs auteurs, - lesquels, dit la légende, n'avaient point quitté le coin du feu - les distinctions les plus hautes !

<u>Batterie de Cauroy, 12 Mai 1916</u>

Nous avons déménagé hier au soir, à la nuit. Nous voici à une bonne lieue des lignes, dans des bois vastes et touffus où nul sifflement sinistre ne vient troubler le chant des oiseaux. Nous logeons dans les baraques en planches du camp de la Tuilerie. Il y a, dans le voisinage, de l'infanterie au repos, retour de Verdun. La batterie, quatre pièces de 95, est à quelques centaines de mètres, en bordure de la route de Cauroy à Cormicy.

<u>28 Mai 1916</u>

Chaque nuit, les souris et les rats mènent dans nos cabanes un tapage infernal : sur les tôles du toit, on croirait une pluie d'orage. Ils crient, se poursuivent, trainent des papiers, ouvrent des boîtes, renversent tout. D'une agilité incroyable, les souris font des bonds prodigieux : rien ne leur est inaccessible. Mais, parfois, les rats les dévorent.

<u>14 Juillet 1916</u>

Rentré de permission hier au soir, je n'ai pas eu à rejoindre la position. La batterie était à l'arrière, à Prouilly, depuis le 12. Nous partons, ce soir, par le train.

VERDUN

15 Juillet 1916

Partis, hier soir à 8 heures, de Muizon. Arrivés, ce matin à la même heure, à Mussey. Nous cantonnons à Bussey-la-Côte, à une dizaine de lieues du front. Baignade dans l'Ornain. Il fait très chaud.

17 Juillet 1916

A 6 heures du soir, embarquement à Mussey. Passé par Revigny, Sainte-Menehould, Clermont-en-Argonne, toutes lumières éteintes : les Boches ont des vues sur la ligne, qu'ils marmitent.

Bois des Sartelles, 19 Juillet 1916

Débarqué hier, à deux heures du matin, par un affreux brouillard, dans les ruines de Dombasle-en-Argonne ; gare marmitée. A pied, par la grande route interminablement bordée de campements, de dépôts de munitions où foisonnent les obus de tout calibre, de « parcs » où se presse le plus formidable matériel automobile que j'aie jamais vu, nous avons gagné Baleycourt et le Bois des Sartelles, où campent les échelons. Dure étape. A l'orée du bois, pause à l'entrée d'un immense cimetière : quel alignement de tombes, toutes pareilles ! Cela non plus, nous ne l'avions jamais vu.

Le Bois des Sartelles est grouillant d'hommes et de bêtes : sections de munitions, de ravitaillement, ambulances. Sur le sol, plus trace de végétation ; on patauge dans un océan de boue fétide. Chaque jour, on entend des coups de feu : ce sont les chevaux fourbus qu'on abat. Les Boches ne tirent guère par ici : mais, alors, il y a toujours quelque obus qui porte.

Verdun est à une lieue. On dit que nous sommes pour deux mois dans ce secteur.

<u>25 Juillet 1916</u>

Hier, au coucher du soleil, nous avons gagné Verdun par des pistes et des routes poudreuses, où passaient au grand trot, dans d'épais nuages de poussière, caissons bourrés d'obus de 155, cuisines roulantes d'où fusent, à chaque cahot, des volutes de vapeur fleurant le pot-au-feu, batteries de montagne à dos de mulet, fourgons et voitures de ravitaillement de tout modèle. Les autos, heureusement, passent par d'autres chemins qui leur sont réservés. On croise, au bas d'une côte, entouré d'une équipe d'aérostiers, un treuil automobile qui ramène, à toute vitesse, sa « saucisse », dont la nacelle est armée d'une mitrailleuse.

En traversant Glorieux, qui est fort maltraité, il faut s'arrêter pour laisser passer une section de munitions : par une croisée ouverte, sur l'appui de laquelle je me suis accoudé, je vois, dans une pauvre chambre poudrée à blanc, une commode qui vomit de ses tiroirs une légion de photographies de famille.

Puis, on arrive à un petit pont, que les convois franchissent au galop : le passage est mauvais, ainsi qu'en témoignent les vieux marronniers tout ébranchés et criblés d'éclats, les vastes entonnoirs qui bordent le chemin, et le boyau qu'on a pris la précaution de creuser, sur le pont même.

Puis, nous longeons la voie de chemin de fer, trouée de cratères impressionnants : les Boches ne lui ont pas ménagé les gros calibres ! Coupés par les éclats, les fils du télégraphe pendent en d'inextricables écheveaux, aux poteaux restés debout.

Encore quelques mauvais carrefours, des massifs d'arbres déchiquetés, et, une fois franchis les fossés herbeux et profonds, qui recèlent maintenant tranchées et barbelés, on arrive à la vieille porte.

La partie de la ville que l'on traverse est cruellement meurtrie : les vieilles maisons Louis XIII n'ont pas été épargnées. Des casernes, le joli palais de Justice, sont à peu près intacts... Puis, la rue des Capucines, complètement rasée, ainsi que beaucoup d'autres. Les tours de la cathédrale sont debout, mais des obus ont crevé le toit du transept. Le pont sur la Meuse, qui est belle, est indemne ; mais celui d'aval a beaucoup souffert. Nous sortons par une ancienne porte et parcourons de longs faubourgs en partie démolis, où foisonnent les batteries.

Enfin, voici, au bas de la côte Saint-Michel, le nouvel hôpital militaire, dont les sous-sols abritent les cuisines de la batterie. Un chemin le sépare de notre position : quatre mortiers de 220, encastrés au pied de la colline, dans le talus du chemin de fer, où sont creusées les sapes de bombardement. Immense et parfaitement aménagé, l'hôpital, presque chaque jour marmité, est fort endommagé. Déchiquetés par la mitraille, de grands drapeaux blancs à croix rouge flottent encore à leurs mâts, sur les toits des pavillons.

A Belleville, sur la gauche, un dépôt de munitions vient de sauter. Notre artillerie tire sans répit. Derrière nous, le Faubourg Pavé regorge de canons, certains en position dans les maisons même. Tout près des pièces de 105 claquent à nos oreilles, à nous assourdir : elles tirent souvent, par rafales. Il est rare qu'une journée, et surtout une nuit, se passe sans une ou plusieurs attaques, qui déchaînent, de notre part, d'intenses canonnades.

A trois lieues à la ronde, il n'y a plus un civil.

<u>26 Juillet 1916</u>

Ce matin, par un temps chaud et un peu brumeux, je suis monté, avec D..., à l'observatoire de la batterie. On gravit la pente de la cote 340, parmi d'innombrables batteries de tout calibre, la plupart en action. Le sol, aride, parsemé d'arbres fruitiers rabougris, ébranchés et meurtris par la mitraille, est criblé de trous d'obus. Laissant à gauche un abri-caverne dépendant du fort de Belleville, on atteint la route, copieusement marmitée, qui relie ce fort à celui de Saint-Michel. Là, on s'engage dans le boyau qui mène à la crête. A partir de la route, c'est la dévastation complète : pas un pouce de terrain qui soit épargné ; brisés, déchiquetés, les arbres s'enchevêtrent. Sans cesse, des obus passent. En arrière, au fond de la vallée, Verdun semble un paradis ! Le boyau s'infléchit à droite : c'est le sommet de la cote 340, où sont établis les observatoires, simples trous couverts de petits rondins et d'une mince couche de pierres. C'est assez pour protéger des éclats les observateurs qui, par groupes, se tiennent dans le boyau, d'où l'on découvre le champ de bataille.

Au pied de la côte, un profond ravin, parsemé de quelques maigres bouquets d'arbres où se défilent, tant bien que mal, nos batteries les plus avancées. A gauche, le village de Bras ; devant nous, la sombre côte de Froideterre, sur les pentes chauves de laquelle cheminent nos boyaux d'accès. Puis, sur les crêtes, l'ouvrage de Thiaumont, qui se profile à peine, à 3.000 mètres environ et, plus à droite, un peu plus bas, à 2.000 mètres, un petit tas blanc : Fleury. Plus loin, la croupe de Douaumont, et, tout à fait à droite, la côte de Souville.

Tout ce paysage, d'un brun sombre, est absolument désert.

Chose curieuse, la disparition de tout élément de comparaison, le nom de « village » que l'on continue d'attribuer inconsciemment à des tas de pierres, comme Fleury, abolissent la notion des distances, qui semblent démesurées : des points situés à 2 km à peine, vous paraissent éloignés d'une bonne lieue, et l'on s'étonne d'entendre siffler des balles !

Les épaisses colonnes de fumée noire produites par nos obus couronnent la ligne des crêtes et marquent à peu près les positions ennemies.

Jamais je n'avais eu de la guerre cette vision grandiose et sinistre…

Nous allons vers le fort Saint-Michel. Sur presque toute sa longueur, le boyau que nous suivons, creusé dans la rocaille et qui longe la crête, est aux trois quarts comblé par les explosions. On se glisse sous les troncs d'arbres abattus qui barrent le passage. Le sol est bouleversé ; les arbres du petit bois sont en charpie. L'artillerie tire sans relâche. Nous rejoignons la route ; tout le long, sur des centaines de mètres, ce n'est qu'un entassement de cartouches de 75 et de 65 abandonnées, où souvent le tir de l'ennemi provoque des explosions. Des obus de 155 comblent les ornières et les trous d'obus. Voici un caisson de 75 éventré ; un canon de 155 court, avec son frein, arraché d'un affût-truc.

On passe devant des batteries de 75, de 120 long, en position dans la pierraille. Entre des piles de sacs à terre, les pièces sont cachées sous des sortes de dais en toile d'emballage. Contre les batteries de 75 s'accumulent d'invraisemblables monceaux de douilles vides, hauts comme des maisons.

C'est un extraordinaire chaos de batteries, de munitions, de sacs à terre et de trous de marmites. Au-dessus de nous, les obus sifflent et, parfois, grincent avec un bruit strident. De tous côtés, les pièces claquent, soufflent ; tout trépide.

<u>Bois Bourrus, 28 Juillet 1916</u>

Nous avons changé de position avant-hier à la nuit tombée. Les Allemands venaient d'attaquer ; d'épais nuages de fumée ou de gaz voilaient le soleil et assombrissaient le paysage. Toute notre artillerie tirait : c'est parmi ce vacarme que des camions automobiles nous ont emportés, dans des tourbillons d'une poussière si dense qu'en un instant, nous étions blancs comme des meuniers. De la route, je n'ai pas remarqué grand-chose, si ce n'est que, tout le long du faubourg, elle était illuminée par les éclairs innombrables des pièces qui faisaient feu, postées parmi les maisons ; nous avons passé la Meuse sur un pont de fer, qui m'a paru mal en point ; croisé un tracteur versé dans un fossé ; tressauté sur des trous d'obus ; et que nous avons finalement débarqué dans des bois, jadis « Bourrus », s'il faut en croire leur nom, mais aujourd'hui fort clairsemés, où nous prenons position. Hier, nous avons dormi à la belle étoile.

Les bois sont hachés, par endroits. Le sol est criblé de trous. Mais, ce marmitage formidable est déjà ancien.

<u>29 Juillet 1916</u>

Ce matin, je me suis baigné dans la profonde cuvette creusée par un obus dans le lit du ruisseau qui coule au fond du vallon, à huit cents mètres derrière nous. L'eau est pure et fraîche, mais on est dévoré par les moucherons.

De l'observatoire de la batterie, posté sur la cote 298, dans un boyau qui relie les forts de Marre et de Bois Bourrus, on a une vue d'ensemble sur les positions ennemies de la rive gauche : Montfaucon, Cote 304, Mort-Homme, Bois des Corbeaux, Côte de l'Oie, Champneuville, Vacherauville, Cote 344, Bois des Caures, Côte du Poivre, Haudromont. Les Boches occupent presque toutes les crêtes et descendent même, à Vacherauville, jusqu'au bord de la Meuse : c'est le point le plus rapproché de l'observatoire. J'ai vu éclater un obus dans la rivière : il a soulevé une gerbe d'eau d'une quarantaine de mètres.

… Je couche dans un abri « du temps de paix », qui est à toute épreuve.

Observatoire de la
Côte St Michel - Belleville
26 Jvl. 1916
Devant Fourbelen Thiaumont Fleury

<u>30 Juillet 1916</u>

On a tiré, pour la première fois, aujourd'hui : nos 220 sont du modèle ancien. Avec les charges que nous employons, ils reculent de plus de huit mètres ! C'est inimaginable. Nous tirons péniblement un coup toutes les cinq minutes : ce n'est pas le « filon » pour les aviateurs qui nous règlent.

<u>2 Août 1916</u>

Hier, avec le fourrier, je suis allé payer le « prêt » à nos camarades de la batterie restés sur la rive droite. Il faisait très chaud. Depuis le matin, la lutte d'artillerie était vive. Nous avons éprouvé les effets désagréables des obus lacrymogènes, que les Allemands prodiguent. Par Thierville et Jardin-Fontaine, nous avons gagné Verdun, qui est à peu près en ruines : on ne peut imaginer pareille dévastation. Les fenêtres arrachées ou les murs béants laissent voir l'intérieur des maisons. Ce qui n'a pas été brisé par les obus a été saccagé. Tout est retourné, couvert d'une couche épaisse de poussière blanche. C'est lamentable. Quel crève-cœur pour les pauvres gens qui reviendront, plus tard ! Les meubles sont forcés, leur contenu répandu ; les livres, lacérés ; et de pauvres tableaux crevés pendent, retournés, au bout de leur cordon. Ceci, dans les maisons les moins touchées ; les autres sont complètement éventrées : les débris du mobilier des étages effondrés s'amoncellent, pêle-mêle, au rez-de-chaussée. D'une très grande partie des habitations, il ne reste que des pignons calcinés, prêts à s'écrouler. Par des murs troués, j'ai vu de belles salles moyenâgeuses, rue de la Belle Vierge, en particulier. La cathédrale, peu intéressante, n'a pas trop souffert. Très peu de soldats dehors : c'est presque désert. 14 rue de la Californie : une maison basse, au bord du canal. Dans une salle, une assez belle lithographie : Hugo, d'après Bonnat ; un crucifix, un piano mécanique éventré, un fauteuil jaune serin, des tables, des bancs et, à terre, des monceaux de bouteilles vides ; au mur, des écriteaux : « MM. Les Cavaliers sont priés d'enlever leurs éperons » ! Dans une pièce, parmi les débris de meubles, des peignoirs multicolores, ornés de dentelles et, au mur, un agrandissement représentant, à n'en pas douter, les maîtres de céans…

Notre batterie de 90 est en plein champ, pas loin des hangars de l'aviation. Elle tire dans les mille coups par jour, sur Douaumont, Fleury, le Ravin de la Caillette, et d'autres lieux désormais célèbres. Sur les positions voisines, s'écrasaient, dans d'épais nuages de fumée noire et blanche, des marmites de gros calibre. Nous avons déjeuné avec le lieutenant et les sous-officiers, dans leur « salle-à-manger » : au beau milieu de la batterie, une guinguette en torchis, le mur tapissé d'un papier à treillage et petits oiseaux. On s'entend à peine. Cela sent la poudre, et la poussière envahit tout. On amène les obus aux pièces, par brouettées. Comme abris, d'étroites fosses couvertes de toiles de tente.

… Ici, le plus souvent, on meurt sans presque s'en apercevoir : est-ce une grâce ?

<u>3 Août 1916</u>

A la tombée de la nuit, qui dérobe les chemins aux regards de l'ennemi, la voiture aux vivres quitte le camp, tout bourdonnant du tumulte des convois : en longues files, ils vont, à leur tour, par les larges pistes et les routes poudreuses que trouent chaque soir les obus, porter aux combattants les munitions et la nourriture.

Au loin, au-delà du chemin de fer où les trains ne se hasardent plus guère, et de la route où s'égrènent rapidement les camions automobiles qui soulèvent une nuée de poussière, passent des caissons qui reviennent des positions : leur silhouette grise, trainée par six chevaux de robe sombre, se détache à peine sur le flanc poudreux du coteau.

Par les pistes que les convois ont frayées à travers les champs ondulés, dont les rares parcelles épargnées sont couvertes d'épis mûrs qui ne seront pas moissonnés, on gagne une route fraîchement empierrée de blanc ; les cantonniers, des territoriaux, gîtent dans de petits gourbis pratiqués dans le talus, sous la haie vive ; au bout d'une perche, une planchette porte en grosses lettres noires : « Avenue Henri Martin ».

Par groupes, des officiers, la canne à la main, gravissent la côte voisine : ils ont des allures dégagées de touristes, et portent en bandoulière cartes et jumelles : ce sont des officiers d'approvisionnement, des payeurs, des commis d'intendance qui, après dîner, s'en vont, sur les positions où les obus ne tombent pas, contempler le feu d'artifice qui, chaque soir, illumine tout le front, et se distraire de leurs fastidieuses occupations au grand spectacle de la guerre…

Lentement la voiture gravit une longue côte ; sur la crête, à droite, il y a un fort ; à gauche, des ravins boisés que l'ombre envahit. Au couchant, dans le ciel violet, embrumé de poussière, brille un mince croissant de lune. Au grand trot, la voiture descend la côte ; derrière, se déroule la route blanche, au sommet de laquelle se découpe, sur l'infini, un groupe de soldats jeunes et hâlés, vêtus de bleu clair passé, qui causent debout…

A gauche, les grandes croupes dénudées, d'un vert fauve, qui ondulent vers l'Argonne, évoquent, sous le ciel mauve et chaud, je ne sais quel paysage d'Afrique…

Sur un chemin oblique, dans un nuage de poussière, une pièce de 95, tirée par quatre chevaux, suivie de trois chariots de parc portant servants et munitions, s'en va remplir quelque mission spéciale ; elle va vers l'Est ténébreux où, parmi les hauteurs que l'on devine à l'horizon, rougeoient sans répit les lueurs des canons et des obus, tandis que scintillent dans le ciel sombre des fusées multicolores. La bataille gronde…

Sur un coteau, un petit bois, dont le jour mourant perce encore, par échappées, les frondaisons ; au-dessus, un gros nuage noir, qu'aucun souffle ne dissipe, salit le ciel et ternit le croissant d'argent de la lune : la fumée d'une grosse marmite qui a éclaté près d'ici tout à l'heure…

Un village aux larges toits rouges, troués par les obus ; des murs écorchés par la mitraille ; un « poste de secours », des ambulances automobiles autour desquelles pérorent des groupes de soldats et de brancardiers. Contre une maison sans fenêtres, à l'abri de l'obus possible, une auto grise arrêtée…

Au pas, la voiture monte une côte ; la piste est criblée de trous d'obus, certains sont récents, à en juger par la jonchée de terre fraîche qui les entoure ; une haie, quelques arbustes ébranchés, des gourbis couverts de pierres blanches, des ceintures de roues que des artilleurs traînent sur le chemin, et encore des trous, plus grands et plus rapprochés : c'est une batterie de 155 long, repérée, qui déménage…

Au grand trot sur la route, qu'encadrent de tout près, tous les dix pas, avec une précision mathématique, deux trous d'obus ; au fond du ravin, dans l'herbe noire, des tombes que marquent des croix de bois bien alignées ; elles doivent se multiplier vite, car les croix neuves sont nombreuses.

La nuit est venue ; près de la route, sur laquelle la voiture tressaute dans les trous d'obus avec d'affreux cahots, brillent, accrochées aux arbres, à un poteau du télégraphe encore debout, de petites lumières : les lanternes de repérage d'une batterie toute proche ; dans l'ombre, on aperçoit, sur le talus, des obus entassés, des caisses de poudre qu'une bâche couvre à peine ; de l'autre côté, des avant-trains sont dissimulés sous le feuillage. Le bois s'éclaircit ; des squelettes d'arbres, sans feuilles, écimés, émondés sans pitié par la mitraille, se dressent dans l'obscurité ; le taillis est maigre et les branches cassées s'y enchevêtrent avec les jeunes pousses en un désordre où ne transparaît point l'harmonie de la nature…

La voiture tourne brusquement et s'arrête ; des hommes viennent avec des lanternes : c'est ma batterie.

5 Août 1916

Hier, les Boches ont marmité toute la journée. Vers 6 h, leur tir a fait sauter, dans la batterie de 155 voisine, un dépôt de munitions : cela a rudement soufflé. Aujourd'hui, ils tirent encore, presque sans arrêt, mais ça ne tombe pas sur nous. On ne sort guère, à cause des éclats. Pourtant, le lieutenant, M. Mougel, laisse des hommes sous la tente ; il fait mettre des obus dans leurs abris ! Nous sommes à la merci de cet idiot, qui n'a même pas le mérite d'être brave, et qui n'admet point que les autres le soient.

7 Août 1916

Depuis trois jours, marmitages intenses. Par moments, il tombe une dizaine d'obus par minute. Avant-hier soir, deux abris ont été détruits : leurs habitants venaient d'en sortir pour aller à la soupe. Quand le bombardement se déclenche, c'est une grêle d'acier qui s'abat sur le bois, avec des sifflements et des déchirements sinistres. Ces deux derniers soirs, le ravitaillement n'est parvenu jusqu'ici qu'à grand peine, tard dans la nuit.

9 Août 1916

Le tir des Boches, qui ne ménagent pas les 210 de rupture, est, heureusement, assez dispersé.

Le sol est bouleversé par les obus. Des blocs de roche, arrachés du sol, pointent çà et là dans les terres retournées. Des hectares de bois sont hachés et, par endroits, rasés à blanc. Les marmites qui tombent dans le ruisseau y creusent des bassins de 5 ou 6 mètres de diamètre, sur 2 à 3 de profondeur : avec le temps, je ne désespère pas de le voir devenir navigable !

Nous tirons peu. Malgré l'eau qu'on répand, les pièces, en batterie contre la route, par-dessus laquelle elles tirent, soulèvent à chaque coup, des nuages de poussière fort propres à nous faire repérer.

Ce métier est véritablement assommant. Rien n'en laisse entrevoir la fin : il serait téméraire de fonder un trop grand espoir sur les armées Russes, dont les progrès paraissent enrayés. L'offensive de la Somme, en tant que tentative de rompre le front, a complètement échoué : dès le début du mois dernier, l'Etat-Major savait à quoi s'en tenir. Jusqu'au printemps prochain, on va fabriquer à tour de bras des canons lourds (nous en avons à peine plus qu'il y a 2 ans) et des munitions. Les Allemands en fabriqueront aussi. Etant donné que l'Allemagne tire à peu près toutes ses ressources d'elle-même et que l'Angleterre dispose d'un crédit formidable, la guerre peut durer infiniment plus longtemps qu'on ne le croit en général. Il est vraisemblable, probable même, que les Alliés l'emporteront enfin, au prix, tout au moins pour nous, de maintes années de misère à venir et d'un nombre de morts et d'infirmes qui n'atteint sans doute pas encore sa moitié !

… Hier, tout le jour, les Boches ont marmité, derrière nous, avec des 210 de rupture : en regardant bien, on voit arriver les obus. Aujourd'hui, c'est un peu plus calme. Parfois, les obus tombent par salves de 3. Le bois s'éclaircit de plus en plus.

<u>11 Août 1916</u>

Lorsque nous étions sur la rive droite, il y avait devant nous des zouaves : ces malheureux se contentaient, chaque jour, d'un biscuit et d'une tablette de chocolat, avec un peu d'eau croupie, plutôt que de se risquer au ravitaillement à travers les tirs de barrage. Lorsqu'on voit combien souffrent les fantassins, on comprend mieux les sentiments peu tendres que certains d'entre eux nourrissent à l'égard des embusqués de toute nature, y compris les ouvriers métallurgistes, pourtant indispensables. On trouve odieux qu'il y ait encore des gens pour se divertir, pour se distraire, dans les cinémas, aux dépens de ces martyrs. Quelques soient nos risques, jamais, nous les artilleurs, ne souffrirons comme eux. Et dire que certains de nos cuisiniers les exploitent, en leur vendant, à gros bénéfice, du vin fourni par l'Intendance…

Hier matin, je voulais laver au ruisseau. J'ai dû y renoncer : à chaque instant, il fallait s'interrompre, pour courir derrière un saule s'abriter des éclats.

<u>14 Août 1916</u>

J'ai vu, hier, d'assez nombreux prisonniers, très jeunes, pour la plupart, chétifs à faire pitié : misérables petits paysans abrutis par le militarisme et le culte du Kaiser. En luttant contre le roi de Prusse, je voudrais que tous les soldats français fussent persuadés qu'ils combattent autant pour ces frères malheureux que pour eux-mêmes. J'exècre le chauvinisme, qu'il soit Français ou Allemand.

… Combien de fois, depuis quelque temps, ai-je éprouvé la vérité de cette réflexion de La Rochefoucauld, que la mort ne se peut regarder fixement : car, lorsque la pensée m'en vient, alors que j'y suis exposé en effet, toujours une voix intérieure - cette voix qui flatte en toutes rencontres notre secret espoir - me dit : « ce ne sera pas cette fois-ci ». Et je le crois, si lâche que cela me paraisse ensuite. Non, la sincérité n'est pas la principale vertu des hommes, puisqu'il nous arrive d'être à ce point hypocrites envers nous-mêmes !

<u>24 Août 1916</u>

Voici quelques jours, un poste d'observation établi dans un boyau caché par un taillis et une haie, et dont rien ne révélait l'existence, a été détruit par un tir d'une précision déconcertante.

3 Septembre 1916

Aujourd'hui, fortes attaques sur la rive droite. Quand je suis parti, ce matin, toutes nos batteries tiraient. L'air sentait l'éther et les gaz lacrymogènes. Lorsqu'en gravissant la côte de Choisel, je sortis du fleuve cotonneux de brouillard blanc qui emplissait la vallée, je vis émerger derrière moi l'autre rive, d'où je venais : la crête qui porte les forts de Bois Bourrus et de Marre, sur laquelle éclataient, avec un affreux bruit d'écrasement, de gros obus, dont le panache de fumée noire, n'eut-été sa mobilité, eut pu se confondre avec la silhouette de quelques arbres encore feuillus. Au loin, vers l'ouest, apparaissait l'abrupt sommet de Montfaucon, où le Kronprinz établit autrefois, dit-on, son quartier général.

5 Septembre 1916

Depuis hier, j'habite seul une petite cagna entre nos deux pièces. Du seuil, je vois Verdun et toutes les positions de la rive droite, depuis Douaumont jusqu'à Souville : le soir, le spectacle est féérique.

8 Septembre 1916

Hier, je suis allé à notre nouvelle position, près de la ferme de La Claire. La batterie est en plein champ, au pied d'une croupe. Les abris sont dans un bois, magnifiques futaies que la mitraille a saccagées : rien ne peut donner une idée de cette dévastation. Presque plus de branches et pas une feuille : n'était la particulière teinte grise de ces arbres-cadavres, on se croirait en plein hiver. Le sol n'est qu'un chaos de trous sur lesquels s'enchevêtrent des branches et des troncs séculaires, déracinés ou brisés. C'est d'une indicible tristesse…

Depuis trois jours, il y a chaque soir des canonnades formidables sur la rive droite. Nos parages ont été marmités avant-hier : la route était jonchée de branches, de terre et de pierres.

Hier, la journée fut tiède et délicieuse : il faisait vent, le ciel était voilé.

<u>12 Septembre 1916</u>

Le hasard vient de me mettre en possession des œuvres de Courier. Dans l'excellente préface écrite par Armand Carrel, j'ai découvert que, pendant la campagne d'Italie, en 1798, nos aïeux, les héros de la Révolution, ne le cédèrent en rien, comme vandalisme, férocité et science de la rapine, à nos ennemis d'aujourd'hui, ce qui, à la vérité, ne retire rien à ceux-ci ! Mais, comme je ne crois guère à la perfectibilité du genre humain, je suis amené à cette conclusion que, de nos jours, comme il y a 100 ans, le brigandage, sous toutes ses formes, est inséparable de toute guerre de conquête, non que les conquérants soient, par nature, plus barbares que leurs adversaires, mais tout simplement parce qu'ils portent la guerre hors de chez eux…

Il m'apparaît aussi que l'on abuse quelque peu de cet « idéal de vérité, de justice et de liberté » qui, à en croire certains faiseurs de discours, soutiendrait, depuis 25 mois, notre effort. La vérité, comme l'exprima si bien Pascal, est essentiellement relative, et c'est de la meilleure foi du monde que nos ennemis peuvent croire, aussi bien que nous-mêmes, s'éclairer à son flambeau. La justice n'est qu'une chimère : on le voit bien par l'Histoire, et par les arrêts de nos Cours. Quant à la liberté, son règne, chez nous, s'inaugura par la Terreur, et, pour nos contemporains, elle consiste surtout à pouvoir tourmenter librement ceux qui ne pensent point comme eux…

Aussi bien, pourquoi ne pas se dire tout bonnement que nous devons lutter parce que c'est notre intérêt de défendre et, s'il se peut, à la faveur des évènements, de fortifier la collectivité dont nous faisons partie ?

<u>16 Septembre 1916</u>

Un de nos obus est tombé dans nos lignes, où il a tué deux fantassins.

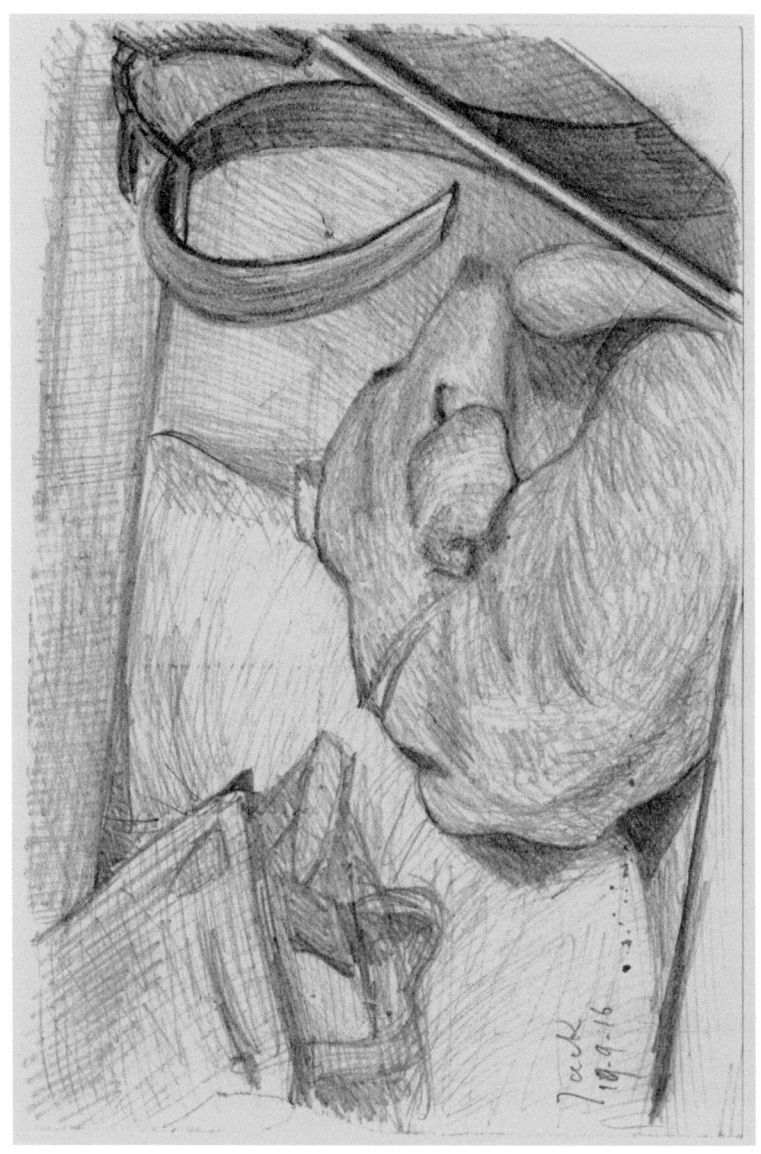

… Je trouve que Courier manquait de cœur, qu'il était d'une vanité ridicule et que, si l'on rit en lisant sa lettre à l'Académie, c'est surtout de son dépit de n'en avoir point été. Ses critiques du régime de Cour sont, d'ailleurs, incomparables d'ironie et de méchanceté.

<u>17 Septembre 1916</u>

Par endroits, les tranchées désertes sont peuplées de petites grenouilles vertes et brunes, accroupies, tendant la tête, et qui ne fuient même pas quand on passe. Les petits cadavres aplatis témoignent des hécatombes que font les relèves.

Voici le portrait de Jack, un petit chien maigre, apporté de l'Aisne dans un panier.

<u>21 Septembre 1916</u>

On se bat, ce soir, furieusement, vers Fleury. Les tirs de barrage roulent sans arrêt et, par dizaines, des fusées blanches et rouges illuminent en même temps le ciel noir. Du côté de Verdun, où sont nos batteries, ce n'est qu'un éclair ininterrompu. Combien de malheureux ne verront pas le jour !

<u>25 Septembre 1916</u>

De toutes les fautes que les alliés pouvaient commettre de nature à prolonger la guerre, il semble qu'aucune n'ait été évitée. Chez nous, en matière de gouvernement, on se contente à peu de frais. En revanche, on trouve que les soldats ne se font jamais assez massacrer ; et plus d'un bon bourgeois, encagnardé dans son fauteuil, éprouve, comme les petits qui écoutent une histoire de brigands, une douce horreur à lire, dans son journal, le récit des combats que d'autres livrent, bien, bien loin de lui (il le croit, du moins) et où les cadavres s'amoncellent par milliers… Non pas de ces cadavres livides, sanglants et atroces que voient ceux qui se battent, que se représentent ceux qui ont perdu au feu un être cher, mais des cadavres de légende, des morts qui ne laissent ni femme, ni mère, ni enfants, et qui sont bien heureux d'être morts pour la Gloire !…

La Claire, 1er Octobre 1916

En pleine futaie : cadavres gris debout ou couchés d'arbres séculaires que la mitraille a massacrés, tous. Je gîte solitairement dans une ancienne cagna que j'ai « retapée » tant bien que mal et dotée d'une cheminée. Elle est si humide que des grenouilles y ont élu domicile : la flambée même que j'allume chaque soir ne les fait point déloger !… Nous construisons notre nouvelle position.

5 Octobre 1916

Il a plu à verse toute la matinée. Nous voilà, je le crains bien, embourbés pour six mois. Il fait chaud ; le soir, on allume pourtant du feu, pour se sécher. Nous sommes infestés de moustiques. On y voit à peine clair sous les bâches peintes où nous travaillons à creuser les sapes, dans le roc.

15 Octobre 1916

Terminée, par un temps de chien, l'affaire pour laquelle nous avions mis en batterie à La Claire (le dégagement d'éléments de tranchées vers le Mort-Homme), nous avons rejoint, le 13, notre précédente position, aux Bois Bourrus.

Nous sommes deux dans la cagna, qui ressemble, avec ses « cadres », à une cabine de navire ; elle s'ouvre sur la plate-forme d'une pièce. Les Boches tirent très peu, des 130. Un mortier de 270 a pris position près de nous.

19 Octobre 1916

Je remplace, pour quelques jours, le vaguemestre, qui s'est fait octroyer une permission pour aller souscrire à je ne sais quel emprunt :

de l'avantage d'être capitaliste ! Le temps est affreux. La remise du courrier se fait à Baleycourt, à dix kilomètres à l'arrière. Le service est plutôt pénible, surtout quand il y a beaucoup de colis. Il y a partout, surtout vers l'arrière, une boue dont ceux qui ne sont pas venus ici ne peuvent se faire une idée : les pistes fréquentées par les voitures sont des rivières de fange. Parmi ces fondrières, c'est la cohue des bivouacs, des chevaux et des équipages où, de temps en temps, des obus jettent le désarroi. Des prisonniers boches ont été tués ainsi, dernièrement. C'est pitié de les voir, au retour du travail, avec leurs misérables redingotes, coiffés, pour la plupart, de bonnets de toile d'emballage, affublés de vieux sacs, faire la queue, sous la pluie torrentielle, en attendant leur gamelle de riz. La condition des nôtres en Allemagne ne peut guère être pire…

… Les chevaux ont bien leur part de misère : ils sont lamentables, attachés à des pieux dans les bois, sous la pluie battante.

Le matériel abandonné traîne partout ; quel formidable gaspillage !

… Mon camarade est parti en permission. Me voici seul dans l'abri, avec un chat. J'entends les rats derrière les planches ; par intervalles, la terre, qui s'éboule dans la sape. Dehors, le vent, et le canon, vers Fleury.

<u>21 Octobre 1916</u>

L'attaque est déclenchée depuis hier, surtout sur la rive droite. Ce matin, en allant au courrier, j'ai vu de près tirer sur Douaumont deux pièces de 400. De loin, dans les champs, on dirait des cheminées d'usines. Leur détonation sourde est moins désagréable que celle de nos pièces…

Chaque fois que nous tirons, la terre s'engouffre dans mon abri, les cloisons se disjoignent, les boîtes s'ouvrent, les objets posés sur les rayons dégringolent. La nuit, ce ne sera pas tenable.

Nous avons pour objectifs des batteries qui font pas mal de dégâts par ici. Les avions qui nous règlent, de vieilles « cages à poules » Farman, ont bien du mérite, car nos coups sont plutôt espacés !

Depuis deux jours, il fait très froid. L'eau gèle profondément.

23 Octobre 1916

La préparation d'attaque est commencée depuis 3 jours : l'objectif paraît être les forts de Douaumont et de Vaux. Je crois que c'est pour après-demain. Il y a beaucoup de gros calibres : les positions ennemies doivent être intenables. Nous tirons beaucoup : (sur les batteries du Talou) et ma cagna, qui sert d'abri au tireur, dont le tire feu passe par un trou dans la cloison de planches, se disloque à chaque coup davantage !

Les Boches répondent peu ; ils tirent souvent sur l'arrière. Nos avions d'observation sont très actifs. Presque pas d'avions ennemis : cependant, ce matin, une escadrille de bombardement a franchi les lignes.

24 Octobre 1916

L'infanterie a attaqué, cet après-midi. Il paraît que les objectifs sont atteints. Nous avons beaucoup tiré, mais ne sommes pas repérés. Pas un avion allemand, pas une seule de leurs « saucisses » en vue. Nos appareils sillonnent le ciel, parfois par escadrilles d'une douzaine, tels des vols de canards. Mon service de vaguemestre, en pleine boue, en terrain marmité, manque de charme… Hier soir, à Baleycourt, un 130 est tombé sur un wagon de soldats du 103ème de ligne, prêts à débarquer : 16 tués, 24 blessés.

25 Octobre 1916

A Baleycourt, où les 130, faisant jaillir, dans un léger nuage de fumée noire, la terre détrempée, éclataient à intervalles réguliers, j'ai vu défiler ce matin, sur la grande route, une longue colonne de prisonniers, jeunes et bien équipés. Comme ils passaient, l'obus dont c'était le tour, est tombé, avec ce bref sifflement en vrille propre aux 130, à quelques pas de moi, sur le camp de représailles, en plein milieu d'une des baraques dont il a fait voler les planches. Epouvante et court désarroi des captifs qui, morne bétail parqué dans son enclos de barbelés, regardaient, en attendant la pitance, leurs frères plus fortunés qu'on emmenait vers l'arrière. Parmi eux, des tués, des blessés qui fuient ou que l'on porte. De la guérite, crevée par les éclats, on a sorti la sentinelle, un chasseur à cheval, mort, debout.

<u>27 Octobre 1916</u>

J'ai repris mon service aux pièces. Ces derniers jours surtout, mon métier de vaguemestre était devenu mauvais et, le soir, parmi les batteries, je ne réussissais qu'à grand peine à regagner la position. Avant de traverser le ravin, où je voyais éclater les obus, j'y regardais à deux fois, hier surtout, où les 105 tombaient par rafales dans le champ de blé, en bordure de notre bois. A la batterie, on est tout de même mieux.

Les Boches tirent assez peu la nuit. Ce soir, canonnade violente, surtout sur la rive droite, où sont nos objectifs. Il ne paraît pas que nous soyons particulièrement repérés. Les 150 et les 210 pleuvent sur des positions abandonnées, derrière nous, en contrebas. Il fait grand vent.

<u>29 Octobre 1916</u>

Combien âpre est notre vie. Quels moments d'inquiétude, de tristesse, on passe parfois, dans l'attente de ce qui, peut-être, va brusquement terminer le cauchemar… La nuit est venue. J… et moi, tête à tête dans notre petit abri de pièce, nous écoutons, comme chaque soir, la sinistre musique des 210 : chaque minute, on les entend monter de chez le Boche, là-bas, derrière la crête, avec un drôle de gargouillement, à peine perceptible d'abord, puis qui croît, croît jusqu'au moment où l'obus, parvenu au faîte de sa course, descend très vite, avec un bruit infernal de wagonnet dévalant sur ses rails, et va s'enfoncer, derrière la batterie, dans le sol rocailleux où il détone sourdement. Parfois, le culot, projeté en arrière, revient vers nous, avec un ronronnement de gros frelon malfaisant.

<u>1er Novembre 1916</u>

Pendant qu'on distribuait la soupe, un 150 vient d'éclater contre un nouvel abri en construction, à la place même où nous travaillions, 5 ou 6, il n'y a pas une demi-heure. L'ouvrage est à refaire.

<u>3 Novembre 1916</u>

Parti en permission.

<u>18 Novembre 1916</u>

Il a neigé la nuit passée. Ce matin, la pluie glacée, que chasse un grand vent, forme verglas : triste temps pour partir, ce soir.

DANS L'AISNE

<u>Bois Savart près de Pontavert, 22 Novembre 1916</u>

Au départ de Bois Bourrus, nous avons bivouaqué dans une grange, sur la côte, près de Sivry-la-Perche… Il faisait si froid, sur la terre nue, dans cette grande pièce mal close, que nous avons fait du feu avec des débris de meubles et de vieux cadres, trouvés dans le corps de logis. La nuit d'après, nous avons couché dans des baraques, aux échelons du Bois de Sivry…

Embarqué à … dans des wagons de bestiaux. Plus de quinze heures de voyage, dont toute une nuit, sans bancs, ni paille, gelés, serrés les uns contre les autres comme des bêtes. Notre wagon, ô ironie, portait une étiquette : « denrées périssables, à ne pas différer »…

Hier au soir, cantonné à Fismes, et, pour la première fois depuis 4 mois, dans des maisons habitées.

Nous voici dans ce bois, entre Pontavert et Roucy, où j'allais si souvent l'an passé. Le sol est sablonneux ; il n'y a pas de boue. Comme pièces, des 120 et des 155 longs ; et l'on tire très peu.

<u>24 Novembre 1916</u>

Quel contraste avec Verdun ! On compte les arbres mutilés et les trous d'obus, d'ailleurs anciens. On n'entend que le cri des corbeaux et le roulement très lointain d'une canonnade, sans doute vers la Somme. On est à une lieue des tranchées : on se croirait à 100…

<u>Dhuizel, 29 Novembre 1916</u>

Nouvelle position : 120 et 150 long. Aucun vestige de la guerre. Calme absolu.

<u>La Grande Roche, 14 Décembre 1916</u>

Nous ne faisons rien de bon. Le général Fetter, qui vient de prendre le commandement de l'artillerie de l'armée, va peut-être rappeler un peu ses gens à la réalité, qu'ils paraissent oublier pour poursuivre, par des exercices qui absorbent les trois quarts de l'activité des hommes et des officiers, des buts plus ou moins chimériques, tels que la mise au point du repérage par le son, idée séduisante, mais qui ne semble, malheureusement, devoir conduire à rien de pratique…

<u>27 Décembre 1916</u>

Nous tirons, de temps en temps, sur des « travailleurs » que l'on nous signale : c'est, si l'on peut dire, la seule distraction. De l'observatoire du mont Saint-Mard, j'ai pu contempler, toute à l'heure, à la lunette, les tours de la cathédrale et de l'Hôtel de Ville de Laon.

<u>8 Janvier 1917</u>

De plus en plus, la guerre m'apparaît comme une monstrueuse folie collective : je voudrais que rien ne subsistât du peuple qui l'a voulue et préparée. Lorsque je vois tous ces nouveaux canons, conçus selon les derniers progrès de l'art, et que l'on construit partout en si grand nombre, je viens à me demander si le principe du Mal ne finira point par l'emporter, si les peuples « civilisés » qu'aucun idéal ne guide, poussés par leur soif de domination, ne s'extermineront pas ainsi jusqu'à disparaître. Où s'arrêtera le mouvement, non seulement la guerre actuelle, mais celles qu'entraînera peut-être, ensuite, la tentation de mettre en œuvre le matériel accumulé ? Pour l'empêcher, il faudrait l'écrasement de l'Allemagne, la destruction des instruments de combat, dans tous les pays. Il faudrait que la multitude, au lieu d'être flattée et grugée, fût instruite, ou plutôt élevée, par des maîtres désintéressés...

10 Janvier 1917

... Il semble qu'à la longue, on en vienne à perdre de vue que la guerre est un état anormal, monstrueux, qui, en dépit de sursauts d'énergie, mène les peuples à la pire veulerie.

... J'ignore si l'on projette, d'un côté comme de l'autre, de grandes attaques sur ce front : mais, pour qui a vu la carte des positions, il semble que toute offensive ne puisse aboutir qu'à faire hacher sur place hommes et choses.

18 Janvier 1917

Il a neigé ces deux derniers jours ; la campagne est morne.

... Je parcours, parfois, les journaux : que d'ineptes élucubrations d'inconscients !... Se creuser la cervelle pour savoir comment, s'il ne reste plus de mâles, toutes les femelles pourront être satisfaites : voilà en vérité de beaux sujets d'actualité !

Cote 186, 22 Janvier 1917

Nous voici à peu près établis sur notre nouvelle position : une batterie de 155 long, au bord d'un ravin, en plein bois de pins et de bouleaux. Beaucoup de neige. Pendant l'étape de la nuit dernière, un de nos chariots a versé dans un fossé, avec ses trois chevaux. Avant-hier, la neige et le verglas avaient déjà rendu notre marche difficile : l'artillerie de campagne et les charrois encombraient les routes ; cela n'en finissait pas.

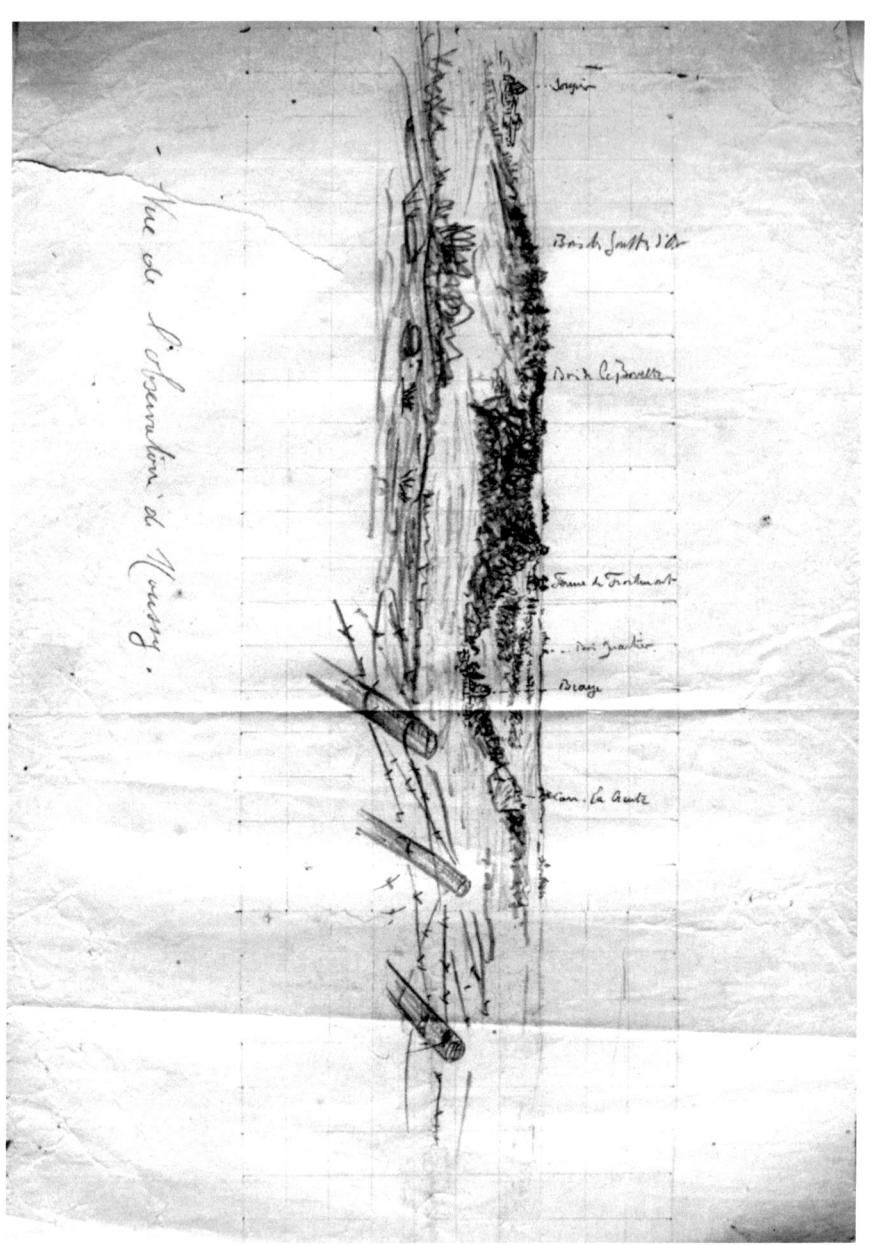

24 Janvier 1917

Il fait toujours très froid. Ce soir, l'ennemi a fait un coup de main. Nous avons tiré. La neige rendait très pénible le service des pièces ; l'une d'elles a basculé. Jamais je n'ai vu tirer dans d'aussi mauvaises conditions. Pas même de lanternes : on pointait avec une bougie, que tenait l'un de nous, et que soufflait chaque coup de la pièce voisine. Les coins glissaient sur la glace ; il fallait de longs efforts pour remettre les pièces en batterie. On tirait pour faire plaisir aux fantassins, mais un peu à l'aveuglette.

26 Janvier 1917

Le thermomètre doit être très bas. Le vin gèle dans nos bidons ; on ne peut le boire. Nous prenons notre repas de midi dans les chambres d'une villa de Cormicy, où il n'y a plus ni portes ni fenêtres. Le soir, on fait du feu dans les abris. Voici huit jours que je n'ai pu me laver ! Autour des cagnas, dispersées sur une pente abrupte, on ne peut se tenir debout sur la neige tassée. La cuisine est au fond du ravin : ce n'est pas une petite affaire, le soir, que de monter la soupe… Avant-hier, un de nos camarades, en rentrant de permission, a fait prisonnier l'observateur d'un avion allemand qui venait d'atterrir dans nos lignes.

3 Février 1917

Nous construisons des batteries au col de Cormicy. 19° sous zéro ce matin. On fait dégeler le pain au feu, quand on peut.

18 Février 1917

Parti en permission.

<u>28 Février 1917</u>

Arrivé à une heure du matin à Jonchery, où, moitié gelé, j'ai attendu le jour sous une tente.

<u>Camp des Grattières, 2 Mars 1917</u>

On est mal dans les baraques, où l'on vit dans une saleté repoussante. Dans les batteries en construction, le travail est mené mollement, comme si l'on n'avait pas la volonté d'aboutir.

<u>8 Mars 1917</u>

Comme l'épluchage des pommes de terre venait de finir, un 105 a éclaté contre un sapin, près de la cuisine roulante. On a emporté notre « cuistot », le pauvre Clément, bien mal, avec un éclat dans la tête. Il y a deux blessés. Sur une grande aire, la fumée de l'obus a noirci la neige.

<u>12 Mars 1917</u>

Le temps s'est adouci depuis hier. Les Boches commencent à tirailler un peu partout. L'aviation est très active. Les 130 ont fait leur apparition : un seul, cet après-midi, a tué six territoriaux et en a blessé sept, sur la route de Cormicy.

<u>14 Mars 1917</u>

Avec un camarade, je viens de faire une vingtaine de kilomètres, pour aller chercher du vin, à Prouilly. Tout est hors de prix : l'amour du gain retient les civils dans certains villages de l'avant, qui sont bombardés. Pour toutes sortes de raisons, morales et militaires, il y a longtemps que ces gens là auraient dû être expédiés à l'intérieur.

<u>16 Mars 1917</u>

La supériorité de l'aviation ennemie paraît manifeste. Les tirs de destruction, que des crétins de journalistes qualifient de spasmodiques, nous font beaucoup de mal. Le seul devoir des civils, c'est de se taire : ceux qui veulent se former une opinion sur la guerre n'ont qu'à y venir.

EN CHAMPAGNE

<u>Reims, 19 Mars 1917</u>

Nous avons quitté Hermonville, hier matin, sans regret : ce village, où nous avons eu des tués, était marmité tous les jours. Au camp, les planches des baraques ne nous protégeaient même pas des éclats. L'artillerie Boche est active et fait du mal. Leur aviation est plus hardie que jamais. De notre côté, les préparatifs dépassent tout ce que j'avais vu jusqu'ici.

Nous cantonnons dans une usine à demi démolie. Certaines parties de la ville sont détruites ; les quartiers riches n'ont pas trop souffert. La cathédrale, une merveille, est fort endommagée, moins pourtant que je ne croyais. La tour de gauche est calcinée ; par endroits, la pierre, effritée, a des tons rougeâtres qui ne sont pas sans beauté. La nef est splendide, par l'ensemble et par le détail. Son architecture massive semble défier les obus.

Il y a ici beaucoup de soldats russes. J'ai parlé à deux d'entre eux. Ils ne m'ont point paru si arriérés qu'on se plaît à le dire. Fort réjouis de l'abdication du Tzar, ils n'avaient à la bouche que le mot de « République »!… Il y a encore des civils. Les principaux magasins sont ouverts : on y trouve tout ce que l'on veut.

<u>21 Mars 1917</u>

Hier, nous avons réglé un tir de 120 long dans un parc, près de la verrerie du Pont-Huon. Le secteur paraît calme.

Le repli des Boches est encourageant. Mais ce ne peut être, jusqu'à présent, considéré comme une victoire. J'ai l'impression que le retrait du gros de leurs forces est passé inaperçu. Que de préparatifs colossaux à refaire, devant ces nouvelles lignes !

<u>23 Mars 1917</u>

Hier, nous avons occupé une batterie de 120 long, près de l'église Sainte-Clotilde. Nous y étions bien, mais nous partons tout à l'heure pour Sillery. Ce matin, j'ai assisté, de près, à un marmitage en règle du Collège d'Athlètes et du Château Polignac, où sont établies des batteries. D'un boyau, j'ai pu en suivre les effets : au moins 200 obus de 150 et de 210, en un peu plus d'une heure. Deux avions réglaient le tir.

<u>Puisieulx, 25 Mars 1917</u>

Nous avons gagné, avant-hier soir, notre nouvelle position : six pièces de 95 dans des ruines, à l'est du village. Je n'en ai jamais vu de pareille. Nous avons blanchi les pièces avec de la chaux, pour les rendre un peu moins visibles. Du matin au soir, des avions Boches nous survolent, au point qu'il est à peu près impossible de rien faire de jour. Nous logeons au premier étage d'une maison restée debout, dans le village, où demeurent encore quelques civils.

<u>27 Mars 1917</u>

Depuis deux jours, comme brigadier de tir, j'habite, avec trois téléphonistes, le poste de commandement. C'est un abri léger en tôle cintrée, au milieu de la batterie, dans les décombres d'un pâté de maisons dont il ne subsiste que quelques murs branlants.

Nous sommes adossés à une route. Derrière, c'est une triste plaine, jusqu'à la montagne de Reims, à l'horizon.

La situation générale ne semble pas mauvaise : la retraite des Allemands paraît bien conduite, mais enfin, c'est une défaite. Si l'on réussissait à les décrocher du Chemin des Dames et du plateau de Craonne, où ils sont très solides, il s'en suivrait sans doute un repli beaucoup plus important. La révolution russe prend, malheureusement, une tournure inquiétante.

<u>29 Mars 1917</u>

Ce matin, de bonne heure, nous avons participé à un coup de main qui a, paraît-il, réussi. Notre matériel est détestable : c'est à croire qu'on ne le laisse en service que pour justifier l'existence des batteries à pied ! On se débrouille avec du fil de fer, des bouts de bois, voire de vieilles boîtes de conserves, pour le « perfectionner ». Notre mission, semble-t-il, consiste à tenir les positions dans ce secteur, où rien ne se prépare.

Il pleut à verse ; le vent souffle en rafales.

<u>1er Avril 1917</u>

Nous tirons souvent, nuit et jour. Les batteries ennemies demandent des ripostes de plus en plus fréquentes. Un premier 150 est tombé près de la batterie, en bonne direction, quelques mètres long ; sommes-nous repérés ?

<u>4 Avril 1917</u>

Je crois que nous sommes repérés. A la tombée de la nuit, pendant une petite attaque ennemie, nous avons reçu des rafales de 105 fusants, d'une précision et d'une intensité impressionnantes. Des camions de munitions étaient arrêtés sur la route ; un de leurs conducteurs, aplati dans le fossé, contre le mur, a été tué : il avait dans le dos un trou grand comme la main. Cette position ne vaut rien.

<u>5 Avril 1917</u>

L'aviation allemande fut aujourd'hui extrêmement active : j'ai vu descendre un de nos appareils, un Caudron, mitraillé par deux Boches. L'un d'eux est tombé à pic, dans leurs lignes. Ses ailes blanches, détachées, tournoyèrent quelque temps au gré du vent, comme des feuilles de papier.

Nous tirons beaucoup.

<u>7 Avril 1917</u>

On tire presque sans arrêt. La « saucisse » qui pouvait le mieux nous voir a été détruite, hier, par un de nos avions. La canonnade est assez vive.

Reims brûle depuis deux jours. Les nuages, le soir, ont des reflets rouges, qu'avivent, par instants, les lueurs des explosions d'obus.

Les Boches ont attaqué entre Sapigneul et le Godat.

<u>10 Avril 1917</u>

Nous tirons toujours : 380 coups aujourd'hui.

Ce soir, les Boches ont marmité Puisieulx. J'étais au P.C. de la batterie. On m'a téléphoné qu'un obus venait de tomber sur une maison, qu'il y avait des blessés. Bien que le bombardement fût peu nourri, tout le cantonnement, comme saisi d'épouvante, s'était, ce soir là, terré dans le boyau, derrière le village. Par les rues désertes, nous sommes allés, un camarade et moi, avec une civière, à la recherche des « blessés » : c'était, gisant sur le carreau d'une cuisine, un pauvre diable du 90ème territorial ; abrutis par l'explosion, qui avait démoli une partie de la maison, jonché la cour de gravats et de débris de tuiles, ses camarades l'avaient porté là. Il perdait son sang. Au poste de secours, une cave pleine de soldats, à peine éclairée par une lampe, un major l'a pansé : sa jambe meurtrie, dont la chair se mêlait à des lambeaux d'étoffe, était affreuse. Il geignait et, en patois gascon, parlait de ses enfants. Il est mort quand on l'a mis dans la voiture…

Tir de concentration. Vers le Nord-Ouest, canonnade intense.

11 Avril 1917

Avec trois camarades, j'ai quitté la batterie, ce matin à deux heures, pour l'Ecole de Fontainebleau.

Camp de Mailly, 5 Mai 1917

Chaleur étouffante. Avec D…, recalé, comme moi, à l'examen d'entrée, nous avons passé l'après-midi en compagnie de Russes, de Sénégalais, et de prisonniers Boches. Tous ces hommes, vêtus de livrées différentes, étaient animés des mêmes pensées, qu'ils essayaient de s'exprimer mutuellement…

Châlons, 6 Mai 1917

Nous avons passé la nuit étendus sur le sol, dans la gare de Châlons, qui est un bien triste lieu ! A trois heures, nous partirons pour Bouzy.

<u>Puisieulx, 7 Mai 1917</u>

Couché à l'échelon. Ce matin, nous avons rallié la batterie qui, depuis notre départ, a été sérieusement marmitée par du très gros calibre. Il y a, devant les pièces et sur la route, des entonnoirs énormes, certains déjà pleins d'eau… Nous logeons dans une maison. Les arbres sont en fleur.

L'impression est que l'offensive du mois dernier a été « loupée » ; on ne sait trop pourquoi. Le bruit court qu'il y a eu des changements dans le commandement et que certains généraux, hier des plus en vue, sont maintenant disgraciés. On finit par en avoir le vertige !

<u>8 Mai 1917</u>

Le village est sans cesse marmité, et nous n'avons aucun abri. L'une après l'autre, les maisons « descendent » : la route est jonchée de terre, d'ardoises, de branches de marronniers chargées de feuilles. Le 12ème Cuirassiers joue de malheur : tout à l'heure, dans le boyau où nous nous étions réfugiés, pendant un marmitage de 150, deux cavaliers ont été tués, pas loin de moi. Un troisième, un bras meurtri, et qui pendait, le corps troué d'éclats, haletant, arrosant le sable de son sang, a eu la force inconsciente de venir mourir dans l'abri le plus proche. Guerre plus hideuse que celles de jadis, où l'on se mesurait, homme contre homme. Maintenant, on meurt, le plus souvent, sans agir, braves et lâches indifféremment.

Mais le plus poignant, c'est de voir dans les rues de Sillery, de tout petits enfants trotter, sous la mitraille : tolérer cela, c'est un crime…

<u>11 Mai 1917</u>

Chaque nuit, les Boches tirent sur Puisieulx, lentement, mais sans répit.

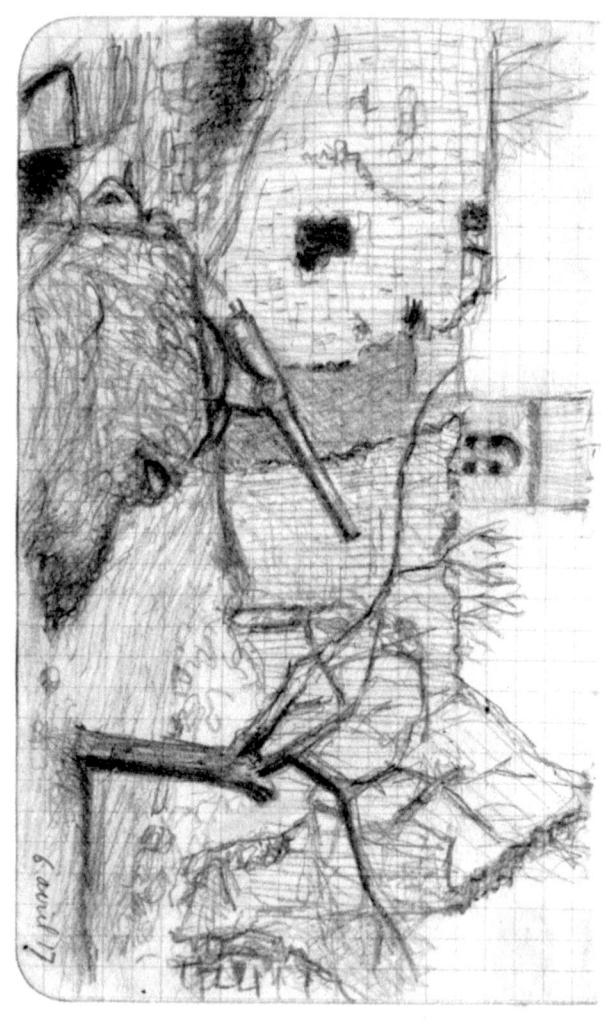

Batterie en Ruines.

La corruption de l'armée russe va sans doute permettre aux Allemands de nous opposer de nouvelles forces : un succès stratégique quelconque me semble de plus en plus improbable. Prétend-on nous faire attendre ainsi le secours militaire de l'Amérique, qui ne sera peut-être pas prêt dans une année d'ici ?

Les Allemands font une dépense de munitions incroyable. De notre côté, on réagit à peine. Leurs avions font ce qu'ils veulent. Les journaux trompent ridiculement le public.

<u>13 Mai 1917</u>

Je crois que la guerre ne peut plus aboutir qu'à un désastre général. Je n'ai plus aucune confiance. A la batterie, c'est un laisser-aller complet, une incurie qui, en d'autres temps, m'eût paru criminelle. On ne peut malheureusement que se résigner : il le faut, dans l'intérêt « du droit, de la liberté »… et des fabricants de ferraille.

… Cet après-midi, un obus a éclaté sur le hangar, dans la cour de la maison.

<u>15 Mai 1917</u>

Nous vivons dans une saleté inimaginable. A part le tir, on ne peut plus rien demander aux hommes. Depuis quelques jours, le secteur s'est un peu calmé…

<u>17 Mai 1917</u>

Pétain et Foch arrivent un peu tard au commandement suprême : c'est l'un d'eux, à n'en pas douter, que l'armée entière eut désigné pour succéder à Joffre. Nivelle fut choisi, on ne sait pourquoi.

La situation paraît compromise par l'échec de la dernière offensive. L'armée russe ne compte plus guère ; en admettant que la Russie traite et que nous résistions cependant aux poussées de l'ennemi, je nous vois condamnés à attendre de pied ferme, pendant des mois encore, que les Etats-Unis soient à même d'intervenir efficacement. Peut-être, d'ici là, une crise économique aigüe et générale mettra-t-elle un terme à ces monstruosités. Il semble, en tout cas, que cette crise doive advenir inévitablement, pendant ou après la guerre.

D… l'a échappé belle, tout à l'heure, avec six hommes, dans un hangar qu'un obus a fait s'effondrer sur eux.

<u>19 Mai 1917</u>

La plaine est verdoyante. On ne saurait y hasarder quelques pas sans troubler les amours d'un couple d'hirondelles, pauvres gracieuses petites bêtes dont j'envie le bonheur et la liberté.

Hier au soir, je suis entré dans une maison que les obus n'avaient point entièrement démolie. A mon approche, ses petites habitantes se sont enfuies, avec un grand bruit d'ailes. Il ne restait, dans les chambres, que quelques images pieuses et des meubles de chêne, avec des colonnes à chapiteaux de bronze, de style empire… L'herbe haute a envahi les jardins et cache les trous d'obus. Dans les rues désertes, que barrent, par endroits, les murs effondrés, les ardoises et les tuiles brisées craquent sous les pas. Une indéfinissable tristesse naît de cette dévastation : une horreur profonde de la guerre et des hommes qui s'y prêtent.

… L'autre nuit, après un marmitage qui m'avait quelque temps tenu éveillé, je m'étais endormi. Je rêvais que j'étais dans une gare, partant pour je ne sais où. Un train approchait, dont j'entendais le sifflement croissant… L'éclatement de l'obus, à quelques mètres, m'a éveillé.

<u>Bois de La Cuche, 23 Mai 1917</u>

Nous avons quitté Puisieulx hier au soir, sans regret ! Nous voici en batterie dans des bois de pins, avec du 155 long, à une demi-lieue plus en arrière.

<u>2 Juin 1917</u>

Nos batteries souffrent beaucoup : hier, au Trou Carré, trois pièces de 155 enterrées jusqu'à la culasse ; notre cuisinier, Maréchaux, a été tué dans son abri.

A notre droite, le paysage ressemble maintenant aux champs de bataille de Verdun ; la lutte y est aussi âpre. Couronné, voici un mois, de bois verdoyants, le Mont Cornillet n'est plus qu'une butte dénudée, blanche comme de la neige.

Le secteur est très dur pour l'artillerie, faute de bonnes positions assez près des lignes. C'est une chance pour moi d'être au P.C. du Groupe.

<u>20 Juin 1917</u>

Nos batteries souffrent toujours beaucoup : ce sont, presque chaque jour, des marmitages intenses. Nous avons, malheureusement, des pertes.

<u>28 Juin 1917</u>

Ma batterie, la XIème, a « encaissé », aujourd'hui, plus de 400 coups ; ni tués, ni blessés, jusqu'à présent. Rien que du matériel détruit.

Parfois, je regarde les journaux ; ils ne laissent point soupçonner ce qu'est l'existence de nos fantassins sur la crête du Chemin des Dames ou sur les pentes du Cornillet et de Moronvilliers, où ils tiennent, dans la blancheur crue de la craie bouleversée, en plein soleil, sous d'incessants bombardements. Les positions de Verdun n'étaient pas pires. Doit-on mesurer le mérite des hommes à l'importance, stratégique ou « symbolique », des évènements auxquels ils sont mêlés ? Ou bien à l'horreur de l'épreuve qu'ils subissent ?…

Ceux de l'arrière ne peuvent se rendre tolérables aux autres que par leur silence. Peut-être le fossé est-il plus profond entre civils et soldats qu'entre les hommes qui, depuis trois ans, souffrent, face à face, sur le terrain.

<u>5 Juillet 1917</u>

Cet après-midi, sur la plateforme d'une pièce, comme le tir venait de finir, mon pauvre camarade Debruyzer, qui avait si bon cœur, a été tué par un éclat d'obus.

<u>10 Juillet 1917</u>

Parti en permission.

<u>Mailly-Champagne, 29 Juillet 1917</u>

Depuis trois jours, me voilà embusqué au P.C. du Groupe : une maison bourgeoise et neuve, où l'on étouffe.

A la tombée de la nuit, des avions boches descendent très bas et mitraillent, sans grand effet, du reste, les groupes de vignerons.

<u>28 Décembre 1917</u>

Il neige à plein temps. On ne sait pas le métier de chien que font, jour et nuit, les conducteurs de l'artillerie : ces gens sont incroyablement durs au mal.

<u>1er Janvier 1918</u>

Hier au soir, à dix heures, j'ai conduit à sa batterie un homme ivre. Il prenait les arbres pour des Boches et fonçait sur eux. Je ne suis rentré qu'à minuit. Seul, il se fut endormi sur la neige.

<u>21 Janvier 1918</u>

Notre nouveau P.C. est un peu en dehors du village. Du jardin, on voit les positions ennemies, à une lieue environ. J'habite une grande pièce blanche. A côté, il y a une petite cuisine vétuste où nous prenons nos repas. Les officiers occupent le reste de la maison, où demeure une vieille brave femme… Nous sommes avec le premier Corps colonial.

<u>17 Février 1918</u>

Observé, des tranchées de la Pompelle[1], un tir de 75, très précis, sur les tranchées boches.

---

[1] [Fort situé au sud-est de Reims]

2 Mars 1918

Rentrant de permission, j'ai rejoint Mailly vers une heure. J'ai dû faire à pied trois bonnes lieues, par une neige affreuse. Le bombardement d'avant-hier fut, m'a-t-on dit, très violent. Le nouveau produit employé par les Boches, l'ypérite, a fait beaucoup de mal : tout le personnel de la batterie de 105 qui occupe notre ancienne position, à Puisieulx, a dû être évacué. A la 8ème batterie, 22 hommes ont été atteints.

Après un bref combat, l'observateur de notre groupe a abattu un avion boche, qui est tombé tout près de la XIème batterie : précipité hors de l'appareil, le pilote a marqué dans le sol dur une profonde empreinte. Horrible fin !

La Cuche - 13-9-1917

<u>11 Mars 1918</u>

Nos batteries commencent à être prises à partie. Le temps est exceptionnellement clair.

<u>15 Mars 1918</u>

Presque chaque jour, vers neuf heures, passent des avions boches : les pinceaux lumineux des projecteurs se croisent dans le ciel et l'on entend les batteries antiaériennes de l'arrière. L'ennemi réalise la guerre aérienne que nos journaux annonçaient, pour notre compte, si bruyamment !

<u>22 Mars 1918</u>

Je viens de faire soixante kilomètres à cheval, par un épais brouillard, puis par un beau soleil, pour aller choisir des chevaux à la Neuville-aux-Larris. Route pittoresque.

Le secteur est calme. Je ne crois pas à une attaque boche devant nous. L'action paraît engagée à notre droite.

Hier, un de nos pilotes a abattu, près d'ici, un Rumpler, presqu'intact : l'appareil s'est fiché dans la terre, la queue dressée verticalement. Les passagers n'ont été que blessés.

On attend impatiemment les résultats de l'attaque contre le front anglais. Un recul est à prévoir, mais je ne crois pas un enfoncement possible, étant donné la quantité de matériel et d'hommes dont nous disposons.

<u>28 Mars 1918</u>

J'attends avec inquiétude le développement de la bataille. Nous sommes tenus au courant par la T.S.F. allemande, dont notre antenne prend les communiqués, que je traduis. J'espère que la contre-attaque se produira avant qu'Amiens ne soit pris, ce qui aurait des résultats désastreux. Malgré l'avance de l'ennemi, je ne perds pas confiance.

Ici, on prévoyait une attaque le 25 au soir. Tout est prêt. Mais jamais le secteur n'a été plus silencieux. Seule, notre artillerie tiraille un peu chaque nuit. Les Boches répondent à peine. Toutes leurs forces doivent être aspirées vers la Somme. Leurs pertes sont sûrement énormes ; mais ils prétendent que la proportion des « blessés légers » est considérable.

<u>30 Mars 1918</u>

Il faut ne pas avoir le sens commun pour voir les Boches marchant sur Paris. Je doute même qu'ils parviennent à Amiens. Foch, qui passe pour un stratège hors ligne, et qui dispose de troupes incomparables, va certainement, d'ici quelques jours, les manœuvrer avec succès. Les dernières nouvelles sont beaucoup moins inquiétantes.

Titanic

<u>3 Avril 1918</u>

Je ne crois pas que la bataille actuelle soit décisive, s'il faut entendre par là qu'elle doive terminer la guerre. Disposons-nous de réserves suffisantes pour renverser la situation ? Il est probable que l'ennemi rassemblera tout ce qui lui reste pour faire une nouvelle tentative de percée, qui échouera. Puis, on se retranchera de part et d'autre, et nous attendrons les Américains. A Verdun, les Français n'ont pas reculé si vite : il me semble pourtant difficile d'admettre que la préparation de la bataille actuelle ait été plus violente.

<u>12 Avril 1918</u>

L'incendie de Rome ne dût pas être plus terrible que celui de Reims, auquel nous assistons depuis deux jours.

<u>28 Avril 1918</u>

Que de morts, là haut, dans le Nord ! Et c'est encore nous, les Français, après avoir sauvé une situation presque désespérée, qui supportons tous les plus furieux assauts. Les Anglais avaient tout lâché : nos camarades qui en reviennent nous le disent. Et cela va durer encore des semaines, des mois, peut-être…

<u>3 Mai 1918</u>

La guerre, du point de vue purement militaire, apparaît, plus que jamais, comme franco-allemande. Peut-être n'avons nous pas trop lieu de déplorer le fléchissement anormal de la $5^{\text{ème}}$ armée britannique. Je ne crois pas l'Anglais plus capon qu'un autre, mais il apparaît assez clairement, ce me semble, que le commandement de nos Alliés était fort au-dessous de sa tâche. A présent, les affaires paraissent en bonne voie. Notre plus redoutable ennemi reste l'ypérite, contre laquelle on n'a encore trouvé aucun remède.

29 Mai 1918

Rentré de permission aujourd'hui, par Epernay. Quel désarroi ! A travers champs, des paysans fuient vers le Sud en poussant leurs troupeaux. Les gares sont encombrées de blessés, de femmes et d'enfants. Croisé des trains sanitaires anglais, pleins de blessés. Sur les routes parallèles à la voie, interminable défilé de troupes de toutes armes, anglaises et françaises, qui vont vers l'Ouest. Débarqué à Germaine, sur lequel les Boches règlent un tir de gros calibre par coups fusants. On retire les pièces de 320 qui étaient en batterie dans la forêt. La situation paraît très grave.

31 Mai 1918

Le secteur est calme, jusqu'à présent. J'espère encore que les Boches pourront être arrêtés et ne gagneront pas toute la vallée de la Marne, et que nous pourrons ici conserver nos positions.

Les civils sont partis, abandonnant tout. Il en est, parmi eux, de peu dignes d'intérêt - mais combien d'autres, dont la destinée est pitoyable : notre vieille hôtesse, par exemple, forcée de quitter sa maison, après avoir perdu ses cinq enfants ! Et toutes les pauvres femmes qu'en revenant j'ai vues dans les gares, fuyant au hasard, avec de petits enfants. Depuis la retraite de Charleroi, il n'y eut rien de pareil : triste début pour le commandement unique !

4 Juin 1918

La situation, moins angoissante depuis hier, ne reste pas moins très critique.

Avant-hier, à minuit, les Allemands ont déclenché une attaque contre nos positions. A quatre heures 30, l'ordre était donné de se tenir prêts à faire sauter les pièces. A cinq heures 30, contre-ordre. L'attaque était brisée. A sept heures, nos batteries tiraient sur des tanks parvenus jusqu'à nos tranchées. Les Boches étaient dans les ouvrages de la

M.d.L. Colin

[M.d.L. : Maréchal des Logis]

Pompelle. A neuf heures, le terrain était repris ; quatre tanks, et deux cents prisonniers nous sont restés.

L'après-midi, Mailly a été marmité ; dans la cour du cantonnement, un 105 a éclaté dans une auge de pierre, blessant un de nos conducteurs.

Hier, marmitage de gros calibre sur La Cuche : une pièce démolie à la XIème, un abri fortement pilonné, un boyau traversé curieusement de part en part, mais pas de pertes.

A moins que cela ne tourne mal ailleurs, je ne crois pas que les Allemands entreprennent grand-chose devant nous.

<u>6 Juin 1918</u>

La situation n'est peut-être pas désespérée, mais elle est terrible. Notre régiment a été cruellement éprouvé à la retraite de l'Aisne. Ici, nous sommes très « en pointe », à présent. Pourtant, depuis l'attaque du 2, le secteur est calme. Les troupes en ligne ont admirablement tenu… Hier soir, les Boches nous ont envoyé une dizaine de 130.

<u>9 Juin 1918</u>

Il fait sombre, ce soir. Un grand vent d'orage souffle.

La troupe a pillé les maisons. Comme à Verdun, par les portes et les fenêtres ouvertes, on voit les vieux meubles, tels des cornes d'abondance, répandre leur contenu. Les bêtes abandonnées ont été tuées, les poules prêtes à pondre, les mères lapines avec leur portée dans le ventre. On tuerait les hirondelles, si « cela se mangeait », et l'on jetterait au vent leur nichée ! Triomphe de l'esprit de destruction.

17 Juin 1918

Notre existence est si monotone que j'en étais venu à souhaiter un mouvement, fût-il rétrograde, qui nous sortît un peu de cet encroûtement. Et je ne suis pas le seul dans cette disposition d'esprit !

18 Juin 1918

Je viens d'assister à une action d'artillerie ennemie d'une extrême violence : je ne me souviens pas d'avoir vu Reims bombardée aussi copieusement. Le spectacle, si l'on peut dire, était fantastique : j'ai vu brûler comme une torche, puis s'évanouir dans les flammes, un beffroi, peut-être celui de l'Hôtel de Ville. Des obus fusants du plus gros calibre éclaboussaient de taches d'un noir d'encre le ciel, embrumé de fumée blanche, au-dessus de cette malheureuse ville, que l'ennemi n'ose attaquer de front. Sur nos positions d'infanterie, le marmitage a été formidable : c'était un déluge de « minen » de gros calibre. Nos batteries ont été peu marmitées ; tout fut pour les malheureux fantassins.

Les pièces à longue portée battent notre arrière. Nos 320 répondent. Malgré tout, l'amas de craie chaotique que de multiples bombardements ont fait de notre petit fort de la Pompelle, nous reste : ce coin ne porte pas bonheur aux Boches.

2 Juillet 1918

Calme plat dans tout le secteur.

Il semble que l'on soit à une période où les forces en présence, masses colossales où quelques cent mille hommes de plus ou de moins ne comptent guère, sont parvenues à un état d'équilibre matériel presque impossible à rompre. Au point de vue moral, l'équilibre entre les forces de résistance des deux mondes en présence est, peut-être, moins stable - et, dans ce domaine, la balance tendrait plutôt à pencher de notre côté.

Rien, en somme, ne permet de conjecturer que l'on atteindra bientôt le terme de la guerre ; toutes les prévisions ont été contredites par les faits ; au bout de quatre ans, la famine n'est apparue nulle part. Je ne vois qu'un seul espoir : que l'Amérique réussisse, en une ou deux années, à nous envoyer assez d'hommes, de matériel et de vivres, pour rompre l'équilibre actuel.

En attendant, nous restons, nous, Français, surtout, sur la douloureuse impression d'une étonnante défaite : la perte du Chemin des Dames, de l'Aisne et des hauteurs au nord de la Marne, presque sans résistance.

<u>3 Juillet 1918</u>

Chez la plupart des hommes, - je parle de ceux de « la bonne société » - seuls, une plus grande soumission à la contrainte sociale, un souci mesquin de l'opinion, réfrènent la manifestation des sentiments vils : en eux, le sens de l'honneur, la probité de l'âme, n'existent point, le plus souvent : tout est dans l'apparence. Et ils sont, pour la plupart, d'une platitude servile envers leurs supérieurs en grade, devant lesquels ils tremblent et s'empressent, et qu'ils dénigrent par derrière, en présence d'inférieurs. Je ne découvre, autour de moi, dans la hiérarchie militaire, qu'une infâme servilité.

<u>8 Juillet 1918</u>

Qui sait ce que vont donner les batailles proches ? Nous nous attendons à une attaque imminente. Le temps est lourd d'orage et le ciel noir. Brouillard dans la vallée.

Je suis allé, le 5, voir mon ami B… à sa batterie, au bois de Thuizy, devant Moronvilliers. Les ponts sont minés. On évacuait les derniers civils.

10 Juillet 1918

Le secteur est toujours assez calme, mais il y a de l'inquiétude dans l'air. Les Boches font des réglages aux environs, avec du 150 long. On se demande ce qu'ils mijotent.

14 Juillet 1918

Les dernières nuits ont été assez agitées. Les Boches tiraillent un peu partout. On s'attend toujours à une attaque. Nos batteries tirent beaucoup, la nuit surtout : ces derniers jours, elles ont fait sauter quantité de dépôts de munitions, pas loin des premières lignes : c'est à croire qu'il y en a partout ! L'ennemi ne répond pas…

J'envie les chefs de pièce de l'artillerie de campagne, que je vois passer, le soir, avec leur canon, leurs hommes et leurs bêtes. Ils agissent, eux : ils sont l'âme de quelque chose, d'une petite collectivité, la pièce, que l'on ne connaît pas dans notre arme incohérente, abrutie par un perpétuel stationnement.

15 Juillet 1918

L'attaque, à laquelle on s'attendait depuis plus d'une semaine, s'est déclenchée la nuit dernière.

Nous avons perdu un peu de terrain. Mais en somme, c'est, jusqu'à présent, un échec pour les Boches, auxquels notre artillerie a fait beaucoup de mal.

Le bombardement, très violent, s'est déclenché à 23 h 45. Sur nos batteries, beaucoup d'obus à gaz. Dès minuit, toutes nos communications téléphoniques étaient coupées. J'ai dû assurer deux fois, à minuit et demi, puis vers 4 heures, la liaison avec le P.C. des batteries à La Cuche. Plusieurs villages en feu, et de grandes lueurs d'incendie, du côté de Germaine - un dépôt de munitions qui brûlait - éclairaient la campagne. Les Boches tiraient un peu partout. A l'entrée de Mailly, sur la route où se trouve le P.C. du groupement, quelques 130 bien placés ont, dès le début, saccagé le réseau télégraphique et téléphonique. J'ai passé entre deux coups, tenant à la main ma jument, qui flairait l'odeur des obus et qui renâclait devant les jonchées de terre noire épandues sur la route.

Aujourd'hui, un avion boche, violemment mitraillé et canonné, nous a survolés, presqu'à ras de terre. Puis, ce soir, vers vingt heures, sept autres ont survolé, très bas, la montagne, du côté des batteries de La Charmoise. Ces reconnaissances sont poussées avec une audace inouïe.

Les choses vont-elles en rester là ?

<u>17 Juillet 1918</u>

On se bat furieusement à gauche. Je n'ai rien entendu de pareil depuis Verdun. La bataille se développe à notre avantage. J'espère bien que, de notre côté, nous n'allons pas rester inactifs. Si l'attaque est poussée énergiquement, l'ennemi peut se trouver dans une situation critique. C'est une question d'effectifs et de rapidité. Les Boches ont avancé leurs batteries devant nous : elles sont en fâcheuse posture.

<u>22 Juillet 1918</u>

Ce matin, nous avons vu passer une escadre de bombardement française de plus de soixante avions… Marmites autour de la maison. La terre soulevée tombe en pluie sur le toit. Alentour, les trous se multiplient.

<u>31 Juillet 1918</u>

Epidémie de grippe. Le secteur est toujours assez calme, à part des tirs de nuit des Boches, entre 10 h du soir et 4 h du matin.

Mailly. Champagne - 21 - 7 - 1918

<u>La Charmoise, 9 Août 1918</u>

Nous avons quitté Mailly le 7 au soir. La route, qui traverse Verzenay et Verzy, venait d'être copieusement marmitée ; Verzy était infesté de gaz. Notre nouveau P.C. est établi sur la montagne de Reims.

<u>12 Septembre 1918</u>

Rien que le bruit du vent dans le feuillage, de la pluie qui ruisselle et, par intervalles, des grosses gouttes qui tombent des rameaux secoués par la rafale.

<u>19 Septembre 1918</u>

Il pleut à verse. Je viens d'aller aux échelons, à travers bois, par des chemins affreux où, par endroits, mon cheval enfonçait jusqu'à mi-jambes.

<u>27 Septembre 1918</u>

Isolement complet. On se croirait loin du front, pourtant proche, si les batteries voisines ne nous rappelaient, de temps à autre, à la réalité. Tous les jours, vers midi, je mène paître ma jument dans les bruyères. Au milieu du jour, il y a encore des heures tièdes. Sous le soleil automnal, le feuillage des chênes et des bouleaux, et même la maigre végétation des clairières, ont des tons exquis.

<u>1er Octobre 1918</u>

Nous ne sommes pas encore engagés dans la bataille générale. Nous tenons un de ces morceaux de front qui ne sont pas attaquables de face. Mais, comme notre avance continue à gauche et à droite, j'espère que nous nous décrocherons bientôt !… Une batterie de deux obusiers de 370 sur voie ferrée s'est mise en position pas loin de nous. Ce sont de très belles pièces.

5 Octobre 1918

Hier au soir, nous avons quitté La Charmoise pour nous établir au bord de la route de Ludes au Clos-Allard. Les Boches tiraient fusant, du coté de Montbré. Je crois que, depuis ce matin, nous avons cessé d'être sur le front. Les Boches ont dû abandonner, la nuit passée, les positions capitales qu'ils tenaient, dans ce secteur, depuis 1914. Des fumées d'incendies s'élèvent entre Betheny et Beine. La vigie de Berru a disparu ! Pas un coup de canon. Plus rien… Et voilà que nos fantassins sortent des tranchées, occupées depuis bientôt quatre ans, et gravissent tranquillement les pentes, jusqu'à ce jour si redoutables, de Nogent-l'Abbesse !

Je crois que, pour nous, la guerre est bien finie.

6 Octobre 1918

J'ai vu passer tous nos camarades de l'artillerie de campagne et de l'artillerie lourde, qui se portaient en avant. Les nôtres s'en vont pour quelques jours, en renfort dans les batteries automobiles, où la grippe a fait des vides. Nous resterons sans doute sur place jusqu'à leur retour. Après, sans doute Bar-sur-Seine et puis, peut-être, la paix ! Car c'est une grande victoire que nous venons de remporter.

C'est à peine si nous apercevons maintenant, loin devant nous, les saucisses qui, il y a 48 heures à peine, étaient bien en arrière de nos lignes actuelles. A gauche, la canonnade est très violente : on cherche sans doute à pousser du côté de Berry-au-Bac.

8 Octobre 1918

Ce matin, je suis allé, avec un officier, reconnaître les positions allemandes et les batteries sur lesquelles nous avons tiré si longtemps, du côté de la Bertonnerie, des Commelles et de Nogent-l'Abbesse.

Les munitions abandonnées en masse montrent que la retraite des Boches fut plus hâtive qu'ils ne le prévoyaient. Presque partout, l'approvisionnement des batteries est resté au complet.

Le résultat de nos tirs ne m'a pas émerveillé : d'une façon générale, ce n'est pas mieux que ce qu'ils font : des milliers de coups dispersés dans les champs, quelques coups heureux par ci, par là.

J'ai eu l'ineffable satisfaction de monter sur cette fameuse vigie de Berru que nous regardions, de loin, depuis si longtemps. Les Boches ont fait sauter le fort, qui est effroyablement bouleversé. Dans des trous creusés dans les maçonneries restées intactes, on voit des « minen » de gros calibre qu'ils y avaient placés et qui n'ont pas éclaté. De là-haut, on a une vue superbe sur toute la région. Quel merveilleux observatoire ils avaient !…

Puis ma jument s'est déferrée et le lieutenant m'a planté là. J'ai dû faire, à pied, une dizaine de kilomètres, dont deux bons à travers le triste « No man's land » d'il y a trois jours seulement.

… Quelques grosses marmites sur Reims, qui viennent de très loin. La ville est totalement détruite. Seule, la cathédrale ne paraît pas beaucoup plus mal en point qu'en Mars 1917. En revanche, Saint-Rémy, qui était si belle, a brûlé ; la nef s'est effondrée. De l'Hôtel de Ville, il ne reste que les murs. Seul, l'hôpital a été un peu épargné. C'est l'anéantissement.

<u>10 Octobre 1918</u>

Aujourd'hui, en allant au Mont Saint-Pierre et à Champigny, où se trouve une de nos batteries, j'ai de nouveau traversé Reims : du centre jusqu'aux extrêmes faubourgs, tout est détruit de fond en comble : jamais si grande ville ne subit un sort pareil ! Tout est haché par la mitraille, jusqu'aux vieux arbres des parcs. C'est encore la cathédrale et la rue qui s'allonge devant elle qui ont le moins souffert : à croire que les Allemands ont essayé de la ménager. Les arbres de cette rue sont pour ainsi dire les seuls qui aient conservé leur feuillage, encore vert.

14 Octobre 1918

Cela va bien pour le moment ; mais ce n'est pas encore la vraie défaite. Or, on ne peut guère concevoir la paix sans que l'armée boche soit détruite.

16 Octobre 1918

Depuis hier, nous sommes installés à la Villa Roseraie, près du Pont-Huon, où nous avions mis en batterie, l'an dernier. Maison prétentieuse et sans goût, comme il y en a tant par ici. Mais elle est dans un grand parc ravissant, en cette saison surtout. Elle a été consciencieusement pillée par nos prédécesseurs : tout ce qu'ils n'ont pu emporter, ils l'ont brisé. La serrure du coffre-fort, béant, porte les traces d'un explosif ! Les Boches ne sont jamais venus ici pourtant.

Des quatre batteries du Groupe, une rétablit les ponts avec le Génie ; une autre fait sauter les barrages de mines contre tanks, dans les anciennes positions boches ; une est allée renforcer un régiment d'artillerie lourde, et la quatrième est dans un parc à munitions.

21 Octobre 1918

Hier, sous une pluie fine, j'ai fait treize lieues pour porter des ordres à une de nos batteries, en position avec le 88ème d'artillerie lourde, près de Poilcourt, dans les Ardennes. Les routes, défoncées par les convois, sont des rivières de boue liquide que font gicler les autos : ma jument en était toute blanche. J'aime voyager ainsi, seul, par le mauvais temps, quand les chemins sont sillonnés d'autos qui, à toute allure, vous frôlent, encombrés de convois que l'on a peine à doubler, ou dont il faut attendre, aux ponts étroits que le Génie vient de jeter, le lent défilé. J'ai passé devant le fort de Brimont, d'où l'on aperçoit nos anciennes positions, traversé Bourgogne en ruines, où cantonnait de l'infanterie, puis Saint-Etienne-sur-Suippe, et Poilcourt, que marmitent les Allemands…

Je vois défiler, toujours avec un serrement de cœur, beaucoup de régiments de ligne. Les combats sont très durs, en ce moment : les Boches tiennent ferme ce pivot de leur repli, qui n'est pas encore une défaite.

<u>27 Octobre 1918</u>

Notre départ pour Bar-sur-Seine est décidé : les batteries vont se regrouper ici, dès demain.

Cela m'a fourni l'occasion d'entrer dans quelques maisons de Reims, où elles vont cantonner.

Les Allemands n'ont pu faire pire. C'est inimaginable. Chez un curé, il y avait, entre autres choses au pillage, une assez belle bibliothèque. Les coffres-forts que j'ai vus ont tous été dynamités avec un art consommé. Les photos sensationnelles qui représentent, dans les illustrés, le pillage de Lille ou d'ailleurs, je suppose bien que leurs auteurs ne se sont pas donné la peine de les aller chercher si loin, alors qu'ici même, où le Boche n'est jamais venu, le « travail » n'est pas moins beau !

Au loin, devant nous, la canonnade est incessante.

24 Septembre 1918

Du 1er Mars 1916 au 1er Octobre 1918 les pertes du 3e Groupe du 156e Régt d'Artillerie à pied, formé de 4 batteries (8e, 9e, 10e, 11e) pour un effectif total moyen de 110 hommes ont été les suivantes :

Tués : 32
Blessés : 79   } Total = 214
Intoxiqués : 103

(dont pour la 11e batterie : tués 6
 bl. 12
 intox. 21)

27 octobre 1918

À L'ARRIÈRE

4 Novembre 1918

Nous avons débarqué, hier, à Bar-sur-Seine, petite ville ancienne et harmonieuse. Nous cantonnons à deux lieues de là, dans un village bâti sur une île de la Seine.

L'Enclos, 6 Novembre 1918

Combien l'exil est plus cruel ici que sur le front ! Je bénis le danger qui, réel ou seulement menaçant, m'a permis de supporter sans périr d'ennui, ces quatre années de guerre… Combien de temps encore, même quand on ne se battra plus, va-t-il falloir attendre ainsi, dans cette armée, que j'ai trouvée si odieuse en temps de paix ?

Pourtant, la guerre n'est pas finie : on souffre et l'on meurt toujours autant, là-bas - mais la pensée de la foule se détourne des combattants ; car, à présent, la foule n'a plus peur : elle sait qu'elle est sauvée du Boche.

… Tout à l'heure, je suis sorti à cheval. Le pays est peu pittoresque ; la grande route, d'une désolante monotonie - à faire regretter l'imprévu de celles du front, avec leurs trous d'obus et leurs camouflages bizarres qui, lorsque le vent les agite, font faire des écarts aux chevaux.

Et toutes ces maisons, intactes et closes, avec leurs habitants qui vous regardent par les carreaux, me semblent moins accueillantes que les ruines de là-bas, qui s'offraient tout entières à nous et dont nous disposions à notre gré.

Nous venons de vivre une existence singulière, que les hommes ne connaîtront peut-être plus jamais…

Pour nos officiers, il semble que la guerre doive se perpétuer. Dieu merci, nous ne partageons point leurs illusions ! La fin nous apparaît toute proche, et le désir que nous en avons s'en avive encore.

<u>Fouchères, 9 Novembre 1918</u>

Dans quelques jours, on ne se battra sans doute plus.

… Je loge, avec mon brigadier, chez de bonnes gens propres et avenants. Il y a un grand lit où l'on enfonce : nous l'avons tiré au sort, et le sort me l'a dévolu !

<u>13 Novembre 1918</u>

Je pense à tous les pauvres morts épars dans la terre froide, à tous ceux qui les aimaient bien, pour qui nul bonheur n'est plus possible. Cette victoire, trop de souffrance l'a payée pour qu'il soit permis de s'en réjouir.

Finis, les mauvais jours : Verdun, Avril et Mai de l'an dernier, quelques moments de l'été passé… Le sort m'aura été clément !

<u>15 Novembre 1918</u>

Hier, vers la fin de l'après-midi, j'ai fait une assez longue course à cheval. Un clair soleil embellissait la campagne, mais sans plus parvenir à l'égayer. Routes droites et monotones, bordées de champs, la plupart incultes, et de taillis dépouillés de leurs dernières feuilles. Dans un fond, un étang mettait une tache bleue dans le paysage fauve. Le ciel, très clair, était doré par le soleil couchant.

Les bords de la Seine, le vieux pont aux arches nombreuses, sont bien jolis, le soir, quand il fait encore jour, et que la lune est déjà haute. Le sillage des troupeaux d'oies trace sur l'eau de scintillantes rides d'argent.

Le charme de nos campagnes, tout en nuances, est trop discret pour être goûté du grand nombre. Sa sobriété recueillie évoque les œuvres des Chavannes, des Millet, des Cazin.

<u>27 Novembre 1918</u>

Je voudrais tant pouvoir enfin rentrer, quitter ce milieu, odieux dès que ce n'est plus la guerre... Et dire qu'il va peut-être encore falloir attendre ainsi, des mois ! Quel dégout profond ; comme je souhaite, de tout mon cœur, l'abolissement du service militaire, pour que notre petit Pierre n'en connaisse jamais la pesante servitude.

On dit que nous allons partir : sans doute irons-nous rejoindre le gros du régiment, dans l'affreux pays de Lunéville et de Gerbéviller, campagnes misérables et glacées où les soldats sont reçus en ennemis par une population payée pour les connaître !

<u>Frouard, 5 Décembre 1918</u>

Nous sommes arrivés la nuit dernière.

Horrible village ouvrier, maisons lépreuses, et quelle boue ! Faits divers de 24 heures : deux personnes dévalisées chez elles par des nègres de l'armée américaine ; une petite fille de 10 ans écrasée sur la route par une auto de l'armée américaine ; une vieille femme renversée et estropiée par un cycliste de l'armée américaine. Il paraît que c'est le tableau quotidien, sans préjudice des exploits sensationnels de ces francs compagnons !

<u>7 Décembre 1918</u>

La pièce où je loge, dans un pavillon, donne sur la grande route de Nancy à Metz, où l'animation est extrême. Dans ce village de 4.000 âmes, on se croirait dans une grande cité, tant il y a de boue, d'autos, de trains et d'usines !

Hier soir, un magnifique coucher de soleil, sur la vallée de la Moselle, m'a consolé de tant de laideur.

Je suis allé revoir Nancy, où des bombardements que l'on prétendait effroyables n'ont causé que d'insignifiants dégâts. Saint-Epvre m'a paru bien mesquine, au souvenir de Reims. Quelle sottise que de vouloir singer le gothique ! L'art du Moyen Âge s'est éteint avec l'âme de son époque. Il ne s'imite point : aussi bien toute tentative de restauration de la cathédrale de Reims - qui, en somme, a conservé sa splendeur d'antan - m'apparaît condamnée à l'insuccès.

La ville est très animée, quoique l'on n'y voit guère de civils ; il y a surtout des Américains et, en particulier, de ces nègres des services du ravitaillement, qui sont bien les plus affreux sauvages de la terre.

<u>10 Décembre 1918</u>

Je viens d'aller jusqu'à Liverdun, où j'avais fait quelques promenades, voici trois ans passés. Comme le temps fuit ! La vallée de la Moselle est jolie, avec ses escarpements sombres et, au fond, le ruban vert foncé de la rivière. Il pleuvait, malheureusement.

EN LORRAINE

---

13 Décembre 1918

Hier, avec un camarade, je suis allé à Metz, dans une auto du G.Q.G., en un peu plus d'une heure. J'ai revu, en passant, Pont-à-Mousson, le Bois-Le-Prêtre, tous les lieux où je m'étais trouvé en 1915.

Quelle émotion, une fois traversées les lignes abandonnées de tranchées et de batteries, de franchir librement l'ancienne frontière où gît, à terre, le poteau blanc de l'aigle noir, de rouler, à toute vitesse, sur ce sol lorrain reconquis !...

Mais au retour, que de difficultés ! Nous avons dû prendre au vol successivement deux camions américains, le second, après une longue attente sous l'aqueduc romain de Jouy-aux-Arches, puis, après une interminable pause, sous la pluie, au passage à niveau de Pont-à-Mousson, et malgré toute la bonne volonté des plantons de la Military Police américaine, qui arrêtaient pour nous des voitures au passage, il a fallu se résoudre à finir notre voyage dans un train de marchandises !

Metz m'a fait une impression plutôt triste : il y a beaucoup d'Allemands, qui font assez piteuse mine. J'en ai vu un qui montrait à son petit garçon, d'un air dolent, la statue dynamitée du Feldgrau, qui avait été pieusement élevée par souscription dans tout l'Empire. Celles des empereurs gisent, renversées, leur bronze découpé au burin par les amateurs de reliques. Ces manifestations de force brutale ne me procurent, je l'avoue, aucune joie. Les Boches avaient respecté la statue de Fabert et celle, qui est horrible, du Maréchal Ney.

Ce qui m'a surtout offensé, ça été de voir, à l'éventaire d'un libraire boche, des cartes postales caricaturant les soldats allemands : vraiment, c'est un peu raide !

La nouvelle gare est affreuse extérieurement. Mais, en somme, les Allemands avaient grandement embelli la ville, et les constructions neuves, de style vieil allemand, sont loin de me déplaire. Les promenades qu'ils ont créées au bord de la Moselle sont ravissantes.

Tout est cher, mais pâtisseries et, surtout, confiseries, regorgent de gâteaux et de sucreries, comme on n'en voit plus depuis longtemps à Paris…

<u>Gerbécourt, 18 Décembre 1918</u>

Nous sommes partis hier matin de Frouard, à pied et sac au dos. Depuis, le temps est affreux. Ce soir, il pleut à verse et le vent souffle en tempête. Nous avons passé l'ancienne frontière ce matin. Hier soir, nous avons cantonné à Champenoux, qui est désert. Jamais nous n'avons été reçus aussi bien qu'ici. Tout le monde parle Français.

<u>21 Décembre 1918</u>

Nous continuons notre marche à travers la Lorraine, par un temps affreux : tempête, pluie et, parfois, neige. Avant-hier, nous avons traversé Morhange, de si triste mémoire. Route bordée de tombes. Les étapes sont de cinq lieues en moyenne. Depuis celle d'hier, la plupart des habitants n'entendent pas un mot de Français. L'accueil est généralement cordial ; parfois seulement, un peu réservé. Presque partout, nous nous trouvons avec des soldats allemands libérés.

Hier, à la halte de midi, à Hellimer, nous sommes tombés chez un vieux ménage, qui nous a fait un accueil enthousiaste.

Aujourd'hui, repos à Saint-Jean-Rohrbach, chez des paysans : une famille de six enfants qui ne décrochent pas d'après nous. Nos deux

Sénégalais ont un succès fou : on n'avait jamais vu de nègre dans le pays ! Nous couchons dans un grenier plein de paille et où il fait assez froid, d'autant que nos vêtements sont imprégnés d'eau.

Ici, une bobine de fil coûte 15 marks ; un cheval, 8.000 ; une vache, 10.000 !

<u>Bitche, 25 Décembre 1918</u>

Le 22, nous avons cantonné à Sarreguemines, au quartier de cavalerie. Soirée au cinéma - foule joyeuse et naïve. Le lendemain, couché à Rohrbach. Etape pittoresque jusqu'à Bitche, où nous sommes depuis hier et où nous logeons au quartier d'artillerie. Quand nous y sommes arrivés, une explosion de grenades venait de tuer deux enfants.

Nous sommes accueillis comme jamais nous ne l'avons été en France.

Mes dix camarades et moi, nous avons réveillonné chez une charcutière qui nous y avait conviés. Famille de six enfants : un des fils venait de rentrer d'Allemagne et nous a conté beaucoup de choses intéressantes : les deux autres sont encore prisonniers en France !… Souvent, nous nous trouvons ainsi avec des soldats allemands qui nous ont, parfois, fait vis-à-vis sur le front !

Il a neigé, la nuit passée : les collines du Haardt sont blanches. Demain, nous devons partir, par le train, pour le Palatinat rhénan.

o
o o

EN ALLEMAGNE

<u>Oberhausen, 27 Décembre 1918</u>

Hier, nous avons traversé les basses Vosges. Passé par Reichshoffen, Haguenau, Wissembourg. Les gens accouraient pour nous fêter.

Le soir, débarqué à Bergzabern.

<u>30 Décembre 1918</u>

Parti en permission par Wissembourg, Strasbourg, où j'ai passé la journée.

<u>Annweiler, 29 Janvier 1919</u>

Je suis rentré ce matin, à huit heures, après vingt-deux heures de chemin de fer, dont quinze dans un wagon pas chauffé, pas éclairé et où il manquait une vitre. Pour aller de Nancy à Avricourt, le train a mis dix heures !

<u>6 Février 1919</u>

Attiré par les souvenirs historiques qui s'attachent à cette capitale, je suis allé hier à Spire. Déception ! Tout, sauf une vieille tour, a été détruit en 1684. La cathédrale, dont il ne subsiste que très peu de parties anciennes - entre autres une crypte assez belle du XIème siècle - a été rebâtie en style roman : c'est colossal, mais laid. La décoration intérieure abonde en dorures criardes. Dans une crypte neuve sont alignés les tombeaux de huit empereurs ; mais la plupart sont neufs et ne contiennent que les débris profanés par les soldats de Louis XIV, dont on montre encore les pics et les marteaux (?). Quand

Chateaubriand gémissait sur le pillage des royales sépultures de Saint-Denis, il oubliait sans doute que les soldats du Grand Roi n'en avaient pas pris moins à leur aise avec celles des empereurs germains !...

<u>8 Février 1919</u>

Nous sommes établis dans une librairie, dont les propriétaires abhorrent les Français : une de leurs petites filles me le disait encore, tout à l'heure... Ces pauvres petits ont l'esprit gâté dès leur plus jeune âge...

A mon avis, ce qui fait la force du peuple boche, c'est qu'il est ordonné, peureux, et qu'il respecte l'uniforme. Affublez un Allemand d'un uniforme quelconque, il en conçoit la plus grande fierté et tient à n'abdiquer aucune des prérogatives que cet uniforme lui confère... L'uniforme, qui ressemble toujours à celui des armées impériales a, en Allemagne, une importance, un rôle, peut-être trop méconnus : c'est un des principaux facteurs de la puissance germanique !

<u>12 Février 1919</u>

Plus que jamais, j'exècre la guerre, l'armée en particulier et la société contemporaine en général.

Ahurie par les conférences socialistes, les sermons Wilsoniens et les déclarations du gouvernement boche, l'armée française est à se demander si elle est victorieuse ou battue !

Ces Boches du Palatinat me dégoûtent : faux comme des jetons, ils se moquent pas mal au fond d'être boches ou français, pourvu qu'ils fassent leurs affaires. Tous ou presque, protestent qu'ils nous aiment bien : « qui bene amat, bene castigat » ; c'est sans doute pour cela qu'ils se sont efforcés de nous rosser !

Les gosses des ouvriers crèvent de faim ; ils nous regardent manger avec des mines qui font pitié. A quatorze ans, beaucoup sont à peine hauts comme la table ! A défaut d'autre nourriture, leurs parents les bourrent de préceptes impérialistes et militaristes : mais cela ne les engraisse pas.

<u>18 Février 1919</u>

Les Boches ne se considèrent pas comme militairement battus. Je causais ce matin avec un Prussien, d'ailleurs fort aimable, de la rupture possible de l'armistice ; je lui disais que, peut-être, la guerre allait recommencer. « Non », m'a-t-il répondu, « nous ne le voulons pas ». Et comme je lui faisais observer que, surtout, ils ne le pouvaient pas : « Si », m'a-t-il dit, « du moins contre la France seule !» Ils ne veulent pas admettre que nous, Français, leur ayons tenu tête : la Marne et Verdun les embêtent plus que tout le reste, parce que nous y étions seuls, ou peu s'en faut.

En général, Guillaume est idolâtré : on lui pardonne sa fuite ; on le compare à Napoléon, vaincu par le monde entier.

Dans le peuple du Palatinat, au fond, peut-être pense-t-on de même ; mais ce qu'on veut, avant tout, c'est la tranquillité. En cas de plébiscite, si la France se faisait fort d'assurer aux gens de la rive gauche du Rhin de solides avantages matériels, et, avant tout, l'ordre, on ne peut savoir de quel côté pencherait la balance, surtout si le parti populaire s'installe au gouvernement du Reich : car l'homme du peuple, en Allemagne, semble mal supporter d'être gouverné par ses pareils.

<u>24 Février 1919</u>

Contrairement à ce que racontent les journaux, le peuple allemand, paysans à part, crève de faim et s'étiole. 180 grammes de viande par semaine, à peine un quart de beurre, point de graisse, et un peu de pain de seigle, cela ne constitue pas, quoiqu'on en dise, même avec l'appoint des pommes de terre, un ordinaire suffisant. On voit, à la porte de nos cuisines, des dizaines d'enfants affamés, qui espèrent un trognon de pain ou quelques vagues restes. Certes, ce n'est pas la gourmandise qui peut les attirer !

<u>1er Mars 1919</u>

La région est pittoresque : des vallées étroites et verdoyantes, que surplombent, par endroits, des escarpements de grès rouge, émergeant des bois de sapins qui revêtent les collines.

Beaucoup de vieux burgs un peu partout, plus ou moins restaurés…

Les Boches ont une peur affreuse du bolchevisme, au point que beaucoup sont heureux de nous voir chez eux…

Au reste, c'est un peuple arriéré, abruti par ses curés et ses pasteurs, qui ne cessent de prêcher la procréation, si bien qu'il n'est pas rare de voir des familles de quinze et vingt enfants, hâves, sales, dont, plus tard, les survivants parviendront péniblement à gagner la valeur de quatre ou cinq francs, dans des usines qui regorgent de main-d'œuvre. Propagande inspirée par le parti pangermaniste, qui a besoin de soldats et d'ouvriers à bon marché.

<u>10 Mars 1919</u>

A Ludwigshafen, j'ai vu, dans le bassin d'hiver, une de nos flottilles du Rhin : parmi quelques chasseurs de sous-marins, deux canonnières d'un modèle ridicule, qui n'ont pu monter le fleuve qu'à la traîne de remorqueurs allemands : bonne manière de donner aux Boches une haute idée de nos moyens d'action !…

J'ai fait, à Oppau, le tour de la « Badische Anilin », où je n'ai pas aperçu trace de bombes… Et pourtant !

12 Mars 1919

Ce sont, maintenant, de vraies journées d'été. Déjà, les pêchers sont fleuris. A cheval, je viens de gravir une hauteur, d'où l'on domine la vallée du Rhin, la Forêt Noire et tout le Haardt.

TABLE

A Toul   page 1

En Lorraine   page 23

Dans l'Aisne   page 49

Verdun   page 79

Dans l'Aisne   page 105

En Champagne   page 113

A l'Arrière   page 147

En Lorraine   page 151

En Allemagne   page 155

INDEX

A
Amiens 129
Annweiler 155
B
Baleycourt 79 81
Bar-sur-Seine 147
Bergzabern 155
Bitche 153
Bois Bourrus 83
Bois de Gernicourt 59
Bois de La Cuche 123
Bois des Sartelles 79
Bois-Brûlé 25
Bois-Le-Prêtre 23
Bois-sous-Roche 2
Bruley 18
Bussey-la-Côte 79
C
Camp de Mailly 118
Camp des Grattières ... 110
Canada 12
Cauroy 76
Chevalerie 25
Choloy 13
Clos-Allard 141
Cormicy 72
D
Dhuizel 106
Droit 31

E
éducation 7
F
Ferme du Verpignon 55
Ferme Saint-Joseph 72
ferme-château de Pierrefort 39
Fismes 57
Foch 129
Force 31
forêt de l'Avant-Garde . 26
fort de Manonviller 7
fort Saint-Michel 4
Fouchères 148
Frouard 149
G
Gerbécourt 152
Germaine 131
H
Haardt 153
Haguenau 155
Hellimer 152
Hermonville 72
I
immortalité de l'âme ... 1
J
Jezainville 37
Joffre 34
Jonchery 50
Jouy-aux-Arches 151

L
L'Enclos 147
La Charmoise 140
La Claire 99
La Grande Roche 106
Liverdun 150
Ludwigshafen 158

M
Maidières 41
Mailly-Champagne 126
Mamey 33
Metz 151
Montauville 41
Morhange 152
Mussey 79

N
Nancy 150
Neuville-aux-Larris 128

O
Oberhausen 155
observatoire de Saint-Rigobert
66
Oppau 158

P
Pagney 18
Pierre-la-Treiche 18
Poilcourt 143
Pont-à-Mousson 41
Pontavert 105
Pont-Huon 113
probité de l'âme 136
Prouilly 110
Puisieulx 115

R
Reichshoffen 155
Reims 113
religion 14
Rhin 157
Rogéville 30
Roucy 51

S
Saint-Jean-Rohrbach 152
Saizerais 22
Sarreguemines 153
Sivry-la-Perche 105
Somme 129
Spire 155
Strasbourg 155

T
Toul 1

V
vallée de l'Ache 34
Ventelay 50
Verdun 80, 86
Villey-le-Sec 1

W
Wissembourg 155